사지 않는 생활

. . . . . . 정리, 절약, 낭비 문제를 즉시 해결하는

사지 않는 생활

후데코 지음 ● 노경아 옮김

SNOWFOX

사지 않아도 될 물건까지
사고 있지 않은가요?

안녕하세요, 캐나다에 사는 60대 블로거 후데코입니다. 저는 미니멀리스트로서 '소유하지 않는 삶'에 대한 게시물을 매일 업로드하고 있습니다.

그러다 보니 블로그 독자들에게서 돈에 대한 고민 상담 글을 종종 받습니다. 그 구체적인 내용은 대략

'돈이 많았으면 좋겠어요.'

'절약하는 방법을 알고 싶어요.'

'모은 게 없어 장래가 걱정돼요.'

라는 것입니다.

많은 사람이 돈에 대한 불만이나 불안, 스트레스를 안고 사는 듯합니다.

하지만 알고 보면 이렇게 걱정하는 사람들 대부분이 이미

충분한 돈을 벌고 있습니다.

필요 없는 물건과 서비스를 자꾸 구입하는 바람에 지출이 많아져 생활에 여유가 없을 뿐입니다.

실제로 사람들 대부분이 '당연히 있어야지', '당연히 사야지'라는 생각으로 그다지 필요하지 않은 물건을 사들이고 있습니다.

그래서 집이 물건으로 가득 찼다며 정리하는 방법을 배우려는 사람이 끊이지 않습니다. 사지 않아도 될 물건까지 사다 보니 잡동사니가 점점 늘어났기 때문입니다.

당신은 어떻습니까? 필요 없는 물건을 너무 많이 사서 다 쓰지도 못하고 쌓아 두다 보니 집이 점점 좁아지고 있지 않나요? 심지어 물건을 정리하느라 골머리를 썩이면서 한편으로는 '돈이 모자란다'라고 고민하고 있지는 않은가요? 처음부터 쓸데없는 물건을 사지 않으면 되겠지만, 대량 생산, 대량 소비 사회의 일원으로 나고 자라는 동안 어느새 머릿속에 깊이 뿌리내린 사고방식을 바꾸기는 쉽지 않을 것입니다.

저는 미니멀한 삶을 실천하는 과정에서 '사지 않는 생활'이야말로 절약의 가장 큰 비결임을 깨달았습니다. 그러나 '사지 않는 생활'이란 '아무것도 사지 않는 생활'을 뜻하지 않습니다. 오히려 '필요한 것을 사는 생활', '필요한 것만 사는 생활'을 뜻합니다.

이런 생활을 실천하면 돈 쓰는 일이 상쾌해지고 저축이 늘어나며 집이 깨끗해지고, 불안과 불만이 줄어들고 매일의 생활이 즐거워질 것입니다.

어떻게 하면 과도한 구매를 일으키는 사고방식을 개선하여 '사지 않는 생활'을 실천할 수 있을까요? 이 책에 그 방법이 나와 있으니 잘 읽어주시기 바랍니다.

우선 여기서 이 책의 구성을 간단히 설명하겠습니다.

제1장에서는 나쁜 구매 패턴 중 대표적인 것을 소개합니다. 나쁜 구매 패턴이란, 한 마디로 '과도한 구매'입니다. 필요한 물건이 이미 집에 있는데도 같은 물건을 자꾸 사게 되는 이유를 자세히 알아보겠습니다.

사실 저도 젊을 때는 회원제 할부 구매나 카탈로그 판매를 통해 필요 없는 옷이나 잡화를 너무 많이 사들였습니다. 그런 행동 뒤에 어떤 심리가 있는지 적나라하게 분석했습니다.

제2장에서는 돈보다 소중한 것이 무엇인지 이야기할 것입니다.

'생명과 건강을 빼면 세상에서 돈이 제일 중요하다'라고 무의식적으로 믿는 사람이 많습니다. 그러나 인생에는 돈보다 중요한 것이 있습니다. 그 사실을 깨달은 사람은 눈앞의 이익에 휘둘려 장기적으로 도움이 되지 않는 물건을 사지 않습니다. 자신이 무엇을 소중하게 여기는지, 어떤 일을 하고 싶은지, 어떤 생활을 꿈꾸는지를 뚜렷이 아는 사람은 자신의 가치관을 따라 쇼핑을 하므로 쇼핑 만족도가 높습니다.

제3장에서는 '쇼핑 일기'나 '사지 않는 도전' 등, 쇼핑 습관을 바꾸는 방법을 구체적으로 소개하겠습니다. 전부 오늘 당장 실천할 수 있는 방법들입니다.

저는 원래 돈 관리를 하지 않는 사람이었습니다. 그러나 언젠가부터 매일의 쇼핑 이력과 돈의 흐름을 기록하고 분석한 덕분에 저축액은 점점 늘어났고 막연한 불안은 사라졌습니다.

제4장에서는 '물건 버리기'에 대해 이야기할 것입니다. 쓸데없는 물건을 버리는 데서 쇼핑 습관의 변화가 시작됩니다. 저 역시 필요 없는 물건을 모조리 버린 후에야 절약과 저축으로 방향을 틀 수 있었습니다.

그럼 당장 오늘부터 '사지 않는 생활'에 도전해 봅시다.

본문에서 다시 만나요!

후데코 드림

2장

쇼핑 습관을 바꾸는 방법

3장

물건 정리, '사지 않는 생활'의 시작

4장

돈보다 중요한 것

이야기를 맺으며

1장

당신의 쇼핑 습관은 어떻습니까?

1 당신의 쇼핑 습관은 어떻습니까?

'돈이 없다', '돈을 더 갖고 싶다', '더 절약해야 한다'라고 생각하는 사람은 세상에 넘쳐납니다. 생활의 모든 면에서 허리띠를 바싹 졸라매고 절약에 힘쓰는 사람도 적지 않습니다.

하지만 사실 그렇게 억지로 참으며 힘들게 절약할 필요가 없습니다. 사지 않아도 될 물건을 자꾸 사들이는 현재의 쇼핑 습관을 고치기만 하면 됩니다. 그러면 여윳돈도 자연스럽게 생길 것입니다.

저축액을 늘리는 세 가지 방법은 다음과 같습니다.

1. 수입을 늘린다.

2. 지출을 줄인다.

3. 이율을 높인다.

(3.은 '투자'에 관한 이야기라서 여기서는 다루지 않겠습니다.)

지출을 줄여야겠다고 항상 생각하면서도 사지 않아도 될 옷이나 화장품, 잡화를 계속 사들이고 있지 않습니까? 사실은 자신이 그러고 있다는 것조차 전혀 눈치채지 못하는 사람이 많습니다. 그래서 지출을 줄인다고 하면서도 대부분 고정비나 식비를 줄이는 정도로 만족합니다.

"아뇨. 저는 낭비하지 않아요.
아무리 생각해 봐도 더는 줄일 게 없거든요."

혹시 당신도 이렇게 말하고 싶습니까? 하지만 '이건 꼭 사야 해'라고 자신을 설득하지만 실제로는 필요 없는 물건을 사들이는 사람이 대부분입니다.

세정제를 예로 들어 볼까요? 개인위생에 관한 것만 해도 세안용, 세수용, 모발용, 전신용 등 여러 종류가 있습니다. 가정용 세정제도 청소용 세제, 식기용 세제, 의류용 세제로 각각 나눕니다.

심지어 청소용 세정제도 바닥용, 욕실용으로 나뉘며 화장실 전용 스프레이, 얼룩 제거용 스프레이까지 따로 있습니다.

사실 이렇게 다양한 세정제를 전부 마련하지 않아도 몸과 집을 얼마든지 청결하게 관리할 수 있습니다. 실제로 저희 집에서는 탄산수소나트륨(베이킹소다), 식초(구연산), 알코올, 비누, 물, 에센셜 오일(항균, 살균, 방향)로 모든 세정을 해결하고 있습니다.

비누로 머리카락과 몸을 씻고 나서 식초물이나 더운물로 헹구면 되니 샴푸, 린스, 트리트먼트를 욕실에 늘어놓을 필요도 없습니다.

쓰지 않아도 되는 물건, 없어도 생활에 지장이 없는 물건을 아무 의심 없이 사들이는 사람이 너무 많습니다. 이런 습관만 고치면 힘들게 절약하지 않아도 돈에 여유가 생기고 저축액도 점점 늘어날 것입니다.

혹시 당신도 이미 단순한 삶을 지향하며 매일 정리정돈에 힘쓰고 있다고요? 하지만 그렇다고 방심하면 안 됩니다. 그런 사람도 무심코 쓸데없는 물건에 지속적으로 돈을 쓰고 있을 가능성이 있기 때문입니다. 그러니 아래의 패턴이 자신의 패턴과 얼마나 일치하는지 잘 살펴봅시다.

집에 입을 옷이 많지만 예쁘고 저렴한 옷이 눈에 띄어서 구입한다.

⬇

몇 번 입는다. 그러나 다른 옷도 많다 보니 새 옷은 얼마 못 가 옷장 한 구석으로 밀려난다.

⬇

입지 않는데도 '언젠가 입을지도 모른다'라는 생각 때문에 버리지 못한다. 집에 옷이 계속 쌓인다.

⬇

서랍이 꽉 차서 수납 케이스를 산다. 하지만 금세 그것으로도 감당하기 어려워져서 편리해 보이는 균일가 수납함을 구입해 서랍 내용물을 정리한다.

⬇

예쁘고 저렴한 옷을 보면 갖고 싶어서 또 다시 충동구매를 한다. 그러다 보니 수습할 수 없을 만큼 짐이 늘어난다. 꽤 큰돈을 들여 대대적으로 정리정돈을 한다.

⬇

어느 날 갑자기 '버리기'를 시작하여 쓰지 않는 물건을 싹 다 버린다. 양이 너무 많아서 전문 업체에 운반비와 쓰레기 처리비를 상당히 지불한다.

⬇

'버리기'를 실천하고 있지만 이전의 구매 습관이 그대로 남아 있어서 '샀다가 버리기'를 계속 반복한다.

⬇

가계가 빠듯해져 아르바이트를 시작한다. '출근하려면 괜찮은 옷 하나쯤은 있어야 한다'라는 생각으로 옷을 산다.

⬇

처음으로 돌아간다.

이건 극단적인 사례일지도 모릅니다. 하지만 물건을 쉽게 사는 습관이 한번 자리 잡으면 계기가 생길 때마다 '일단은 이것과 저것을 사야겠다'라는 생각부터 떠오르게 됩니다.

2 왜 계속
사는 걸까?

사람들은 왜 이렇게 쓸데없는 물건을 자꾸 사들일까요?
저는 그 이유를 이렇게 추측합니다.

'많을수록 좋다'는 생각 때문에

우리는 대량 생산, 대량 소비 사회에서 나고 자란 탓에 어
릴 때부터 '물건은 많을수록 좋다. 많으면 행복해진다'라고
자연스럽게 믿게 되었습니다.

물건이 적으면 궁핍하고 부자유하고 위험하며 물건이 많

으면 풍족하고 자유롭고 안전하다는 가치관을 무의식중에 주입당한 것입니다. 그래서 언제나 쇼핑할 기회를 찾고 물건을 줄이기보다 새로 사서 늘리려 합니다.

요즘 들어 '갖지 않는 삶'과 '덜어내는 삶'이 주목받고 있지만 현대인은 기본적으로 '많이 사서 많이 갖는 것'을 지향하는 경향이 있습니다. 그래서 '갖지 않는 삶', '덜어 내는 삶'처럼 색다른 태도가 오히려 관심을 끄는지도 모릅니다.

그러므로 아무 생각 없이 지내다 보면 누구라도 저절로 '소유하는 삶', '보태는 삶'을 살게 되는 것입니다.

눈앞에 닥친 일만 생각하기 때문에

대부분의 현대인은 바쁜 일상에 쫓겨 당장의 일을 해치우는 데 급급합니다. 그래서 앞을 내다보고 계획을 세우지 못합니다. 문제가 생겨도 곰곰이 생각하여 해결하기보다 즉시 떠오르는 임기응변으로 모면하려 합니다.

그렇지 않아도 인간은 앞일을 잘 생각하지 못하는 존재입니다. 먼 미래의 일은 좀처럼 자기 일로 여겨지지 않기 때문입니다. 게다가 현대인은 마음의 여유가 없어서 주변에서 일어나는 모든 일에 근시안적으로 반응하기 쉽습니다. 즉 모두 문제를 신속하고 간단하게 해결하려 합니다. 과도한 쇼핑은 즉시 결과를 얻으려고 서두르는 이런 경향과도 무관하지 않습니다.

물건을 자꾸 사다 보면 당연히 남는 돈이 없어 저축을 못하겠지요. 그런데 이런 상황에서 자녀가 상급 학교에 진학하거나 직장에서 은퇴한다면 교육비, 생활비가 모자라 곤란해질 것입니다.

인생을 긴 안목으로 바라보면 자녀의 진학이나 은퇴 정도는 누구나 쉽게 예상할 수 있는 미래입니다. 그러나 마음 한구석의 찜찜함을 애써 외면한 채 당장 쉽게 얻을 수 있는 '행복한 감정', '쾌적한 기분'만 쫓아다니며 근시안적으로 사는 사람이 너무 많습니다.

그들은 정말 소중한 것이 무엇인지, 인생의 목표가 무엇인지, 5년 후, 10년 후, 20년 후에 어떻게 살고 싶은지 진지하게 생각하지 않습니다. 그렇기 때문에 '오늘 편하면 그만이다', '불쾌한 기분을 피하는 것이 최고다'라는 사고방식으로 살아가는 것입니다.

무엇이든 싸게 살 수 있는 환경 때문에

제가 젊었을 때 비하면 모든 소비재가 저렴해졌습니다. 패스트 패션이 등장한 후로 옷이나 패션 잡화가 매우 싸졌고 균일가 상점에서도 다양한 생활 잡화가 1,000원, 2,000원, 3,000원에 판매되고 있습니다. 그 외에도, 균일가는 아니지만 상품을 매우 저렴한 가격으로 파는 잡화점이 많습니다.

캐나다에도 균일가 상품을 판매하는 달러숍(Dollar Shop)이라는 곳이 있지만 그곳에는 별로 예쁘지 않거나 금세 망가질 듯한 물건, 즉 누가 봐도 1달러 가치밖에 없는 물건밖에 없습니다. 최근 몇 년간 가 본 적이 없으니 요즘은 어떤지 잘 모르지만 말입니다.

반면 일본이나 한국, 중국의 균일가 상품은 품질도 좋고 종류도 다양합니다. 그래서 매장을 구경하기만 해도 무척 재미있습니다(사지는 않지만).

이처럼 우리 나라에 저렴하면서 예쁘고 품질도 괜찮은 물건이 넘쳐나는 덕분에 경제적 여유가 없는 사람도 이것저것 마음 편하게 쇼핑할 수 있는 것입니다.

편리한 것을 좋아하기 때문에

앞서 말했듯 현대인은 즉시, 그리고 쉽게 불편을 해결하려는 경향이 있습니다. 그래서 편의 용품이나 아이디어 상품이 인기가 있습니다.

아이디어 상품은 신박함과 화제성으로 구매 욕구를 자극합니다. 사실 대부분의 현대인은 필요한 물건을 이미 거의 다 갖고 있습니다. 그래서 아이디어 상품을 개발하는 사람들은 특수한 수요를 겨냥한 니치 상품(소비자를 연령, 성별, 직업별 등으로 세밀하게 구분해 만들어 낸 상품)을 개발하는 데 심혈을 기울입니다.

여기서 말하는 니치 상품이란, 시장의 극히 일부를 차지하는 특별한 고객이나 특별한 수요를 충족시키는 상품을 말합니다. 특히 세세한 부분에 이르기까지 완벽을 추구하는 한·중·일 기업들이 이 특별한 수요를 겨냥해 온갖 편리한 상품을 개발, 판매하고 있습니다.

에그 타이머(Egg Timer) 하나만 해도 종류가 여럿입니다. 유명 균일가 상점에서 달걀을 미숙, 반숙, 완숙으로 조절하여 익히기 편리한 에그 타이머를 판매하고 있으며 아마존에서도 비슷한 상품을 취급하고 있습니다. 이것은 달걀과 함께 냄비 속에 넣으면 색이 바깥쪽부터 변하는 투명한 제품으로 어디까지 색이 변했는지 눈으로 보고 달걀의 익은 정도를 파악할 수 있습니다.

들기만 해도 무척 편리할 것 같지요? 하지만 사실은 그렇지 않습니다. 타이머의 색이 얼마나 변했는지 보려면 어차피 냄비 속을 들여다봐야 하기 때문입니다. 차라리 처음부터 냄비에 일정한 양의 물과 일정한 양의 달걀을 넣고 일반 타이머로 시간을 재면서 조리하는 게 더 쉽지 않을까요? 두어 번만 해 보면 달걀이 몇 분 만에 반숙이 되고 몇 분 만에 완숙이 되는지 금세 가늠할 수 있습니다.

하지만 새로운 물건, 편리한 물건을 좋아하는 사람은 질리지도 않고 이런 상품을 계속 사들입니다. '신기한 물건을 샀다'라며 SNS에 자랑하기도 합니다.

사람들이 물건을 이렇게 자꾸 사는 것은 쇼핑이 너무 간편해졌기 때문입니다.

군이 상점가까지 갈 것도 없이, 현관 밖에만 나서면 편의점이 있고 동네마다 균일가 상점, 대형 슈퍼마켓이 즐비한 시대입니다. 한국이나 일본은 물건 사기 좋아하는 사람에게 무척 살기 좋은 나라인 것 같습니다. 게다가 어디를 가든 매장은 청결하고 선반에는 물건이 잔뜩 채워져 있으며 직원들은 아주 친절합니다.

코로나 사태 이후 온라인 상점들도 사상 최대의 성장을 기록하고 있습니다. 그들 덕분에 우리 역시 집 안에 콕 틀어박힌 상태로도 원하는 물건을 언제든 손쉽게 주문할 수 있습니다. 게다가 주문한 물건은 빠르면 당일에, 늦어도 며칠 내로 도착합니다. 몇몇 대형 온라인 상점은 사이즈가 맞지 않는 패션 상품을 무료로 반품할 수 있게 하거나 아예 집에서 입어 보고 주문을 완료하도록 하는 시스템까지 도입했습니다. 상점은 셀 수 없이 많아졌고 구매 절차는 허탈할 만큼 간단해졌습니다. 이제는 시간만 허락하면 몇 시간이든 인터넷을 둘러보며 자유롭게 쇼핑을 즐길 수 있습니다.

아무도 가르쳐 주지 않아서

초등학교와 중학교에서는 계산 방법만 가르치고 돈을 관

리하는 방법을 가르치지 않습니다. 최근에는 아동을 위한 투자 강좌가 가끔 열리는 듯하지만, 투자는 돈을 불리는 방법일 뿐입니다. 일단 불릴 종잣돈을 어느 정도 모으기 전에는 투자를 시작할 수 없습니다. 따라서 기본적인 돈 관리 방법부터 배울 필요가 있습니다.

그러나 자녀에게 돈 관리법을 가르치는 부모는 많지 않습니다. 그저 '돈을 소중히 여겨라', '낭비하지 말아라', '저축해라'라고 잔소리만 합니다. 그러나 돈은 쓰일 때 비로소 가치가 생기는 법입니다. '최대한 쓰지 않고 저축하기'는 적절한 돈 관리법이 아닙니다. 게다가 당연한 말이지만 돈을 전부 저축하면 생활이 불가능해질 것입니다.

자녀는 돈을 소중히 여기려면 어떻게 해야 하는지 구체적으로 배우지 못했으므로 부모가 돈을 어떻게 쓰는지, 돈에 대해 어떻게 이야기하는지 관찰하면서 어깨너머로 돈 관리법을 배울 것입니다. 따라서 부모가 돈을 잘 관리하지 못하고 충동구매를 자주 하는 경우, 자녀도 그 습관을 그대로 이어받아 잘못된 쇼핑을 반복할 가능성이 큽니다.

우리가 물건을 자꾸만 사들이는 가장 큰 이유는 쇼핑으로 심리적 욕구를 채우기 위해서입니다. 그래서 쇼핑으로 스트레스를 풀려는 사람이 그렇게 많은 것입니다. 다만 심리적 욕구에도 다양한 종류가 있는데, 그것을 제대로 아는 사람과 모르는 사람의 쇼핑 습관은 크게 다릅니다. 이 주제에 관해서는 뒤에 더 자세히 설명하겠습니다.

3   쇼핑으로
  채우려는 것들

우리는 종종 심리적 욕구를 채우기 위해 쇼핑을 합니다. 쇼핑으로 마음속 공백을 메우려 하는 것입니다. 대표적인 심리적 욕구를 여기에 몇 가지 소개하겠습니다.

받아들여지고 싶다

우리는 남들과 비슷해지고 싶어서 그들과 비슷한 행동을 하고 그들이 가진 것과 똑같은 물건을 삽니다. 똑같은 물건을 소유해 집단의 일원으로 인정받으려는 것입니다.

사람은 혼자 살 수 없는 존재이기에 소속된 집단에 받아들여지는 것이 무엇보다 중요합니다. 그리고 자신감이 없거나 자신의 생각이 뚜렷하지 않은 사람일수록 '받아들여지기 위한 쇼핑'을 많이 하는 경향이 있습니다.

동조 압력에 떠밀려 물건을 사는 사람도 많습니다. 동조 압력이란 학교나 회사 등에서 함께 생활하는 동료들에게 받는 은근한 기대와 압력을 말합니다.

'딱히 할 일은 없지만 아무도 퇴근하지 않으니까 나도 남아 있어야겠다'라며 추가 근무를 하는 것이 동조 압력이 일으키는 전형적인 현상입니다. 쇼핑할 때도 이와 같은 일이 벌어집니다.

그래서 친구들과 함께 쇼핑하면 필요 없는 물건을 사게 될 때가 많습니다. 친구가 "너도 이거 사. 똑같은 걸로 갖고 다니자"라고 말하면 분위기를 깨지 않으려고 그 물건을 사게 되기 때문입니다.

특별한 존재가 되고 싶다

사람에게는 남들과 비슷해지기를 바라는 마음뿐만 아니라 '남과 똑같은 건 싫어. 조금은 특별한 존재가 되고 싶다'라는 마음도 있습니다. 남과 조금 다른 모습이나 행동으로 눈길을 끌면 모두가 자신을 주목해 주기 때문입니다.

그래서 최신 전자제품이나 유행하는 패션 상품을 제일 먼저 사서 눈에 띄려 하는 사람도 많습니다.

이들은 그 상품을 사는 일 자체보다 '남보다 빨리 사는 것'을 중요하게 생각합니다.

그런데 패션 상품이든 전자제품이든, 새로운 상품이 줄줄이 끝없이 등장합니다. 그래서 이들은 전에 샀던 물건이 아직 쓸 만한데도 새것으로 교체하고는 합니다.

'남보다 눈에 띄고 싶다'는 마음에 허세 부리기 좋은 물건을 살 때도 있습니다. 사실 요즘은 거의 모든 사람이 인스타그램 같은 SNS를 이용하다 보니 거기서 사람들에게 인기를 끌어 '좋아요'를 많이 받고 팔로워를 늘리고 싶은 마음에 생활을 멋져 보이게 만드는 물건을 사들이는 경우가 상당히 많습니다.

누구든 초라한 모습보다는 멋진 모습을 보여주고 싶기 마련입니다. 그러므로 자각이 있든 없든, SNS에서 인기를 끌 듯한 물건을 사 모으는 것은 그리 이상한 일은 아닙니다.

그러나 자기 자신을 좋아하지 않거나 자신감 없는 사람일수록 자신의 생활을 물건으로 꾸며 실제보다 멋져 보이게 하려는 경향이 있으니 주의할 필요가 있습니다.

부정적인 감정을 해소하고 싶다

쇼핑은 소소한 부정적인 감정을 풀고 싶을 때 아주 편리한 활동입니다. 쇼핑으로 기분을 푸는 요법을 뜻하는 '리테일 테라피(Retail Therapy)'라는 용어까지 있습니다. 여기서 '리테일'은 소매를 의미합니다. 그만큼 현대 선진국의 수많은 사람이 쇼핑을 심리 치유 수단으로 삼고 있는 것입니다.

우리 뇌는 새로운 것을 좋아하므로 쇼핑할 때마다 기분이 좋아지게 만드는 신경 전달 물질인 도파민 등을 배출합니다. 그런 이유로 쇼핑은 현대인의 가장 손쉽고 즐거운 오락이자 여가 활동으로 인정받고 있습니다. 게다가 24페이지에서 언급했듯이, 우리가 쇼핑이 매우 간편해진 현대에 살다 보니 심심함, 지루함, 외로움, 초조함, 괴로움, 불안함, 답답함 같은 부정적 감정이 솟아날 때마다 쇼핑으로 기분을 전환하고 스트레스를 해소하려 하기 쉽습니다.

광고에서 '열심히 일한 나에게 선물을 주자'라는 말을 종종 듣는데 이것 역시 리테일 테라피의 일종이겠지요.

하지만 일이나 공부가 힘들기는 해도 그 안에서 기쁨을 찾을 수도 있습니다. 그 기쁨 덕분에 힘들어도 참고 일이나 공부를 계속하는 사람도 많습니다. 한편 부정적인 감정에 사로잡혀 '모든 것이 힘들다'라고 느끼는 사람일수록 기분이 우울해질 때마다 나에게 주는 선물을 사들여서 그때그때 마음을 추스르기 쉽습니다.

그 결과 물건이 점점 늘어나 집이 창고처럼 변하는 것입니다.

손해 보기 싫다

인간은 무언가를 얻는 기쁨보다 잃는 고통을 더 강하게 느끼므로 손해를 민감하게 받아들이고 최대한 손해를 보지 않는 방향으로 행동하는 경향이 있습니다.

이런 경향이 쇼핑을 부추깁니다. 가격 할인에 약한 사람은 무언가가 필요하거나 갖고 싶어서가 아니라 '지금 안 사면 손해다'라는 생각 때문에 물건을 삽니다. 단순히 손해를 두려워하는 것이죠.

냉정히 생각해 보면, 필요 없는 물건을 샀을 경우 가격이 아무리 저렴해도 그 금액만큼 손해를 보게 돼 있습니다. 그런데도 "어제까지 5,000원이었던 상품을 3,800원에 팝니다"라는 말을 듣는 순간, 인하된 1,200원에 관심이 쏠려 3,800원을 낭비하고 있다는 사실을 잊어버리고 맙니다.

판매하는 측에서도 인간이 손해를 끔찍이 싫어하는 것을 잘 알고 있으므로 1년 내내 다양한 할인 행사를 선보입니다. 행사 기간뿐만 아니라 평소에도 매일 시간대별로 가격을 깎아 주고 파격적으로 저렴한 미끼 상품을 눈에 띄는 곳에 진열합니다.

그러면 그것을 본 사람들은 '이득 볼 기회다!', '이 기회를 놓치면 손해야!'라는 순간적인 느낌에 휩쓸려 상품에 손을 뻗습니다.

현실에서 도망치고 싶다

4장의 '머니 셰임을 깨닫자' 부분에서 자세히 설명하겠지만 현실적인 문제에서 도망치기 위해 쇼핑을 수단으로 활용하는 경우도 많습니다. 외면하고 싶은 일이나 고민거리가 있을 때 쇼핑에 정신을 쏟다 보면 잠시 시름을 잊을 수 있기 때문입니다. 쇼핑 역시 어느 정도 집중력과 에너지가 필요한 일이니까요.

시험 전날 갑자기 방 청소를 하고 싶어지는 것과 같은 이치입니다. 잡다한 집안일을 신경 쓰기 싫은 아버지들이 자신의 모든 시간과 에너지를 직장에 쏟아붓는 것도 골치 아픈 문제에서 도망치려는 무의식적 선택의 결과입니다. 쇼핑으로 도망치는 행위는 대개 이처럼 무의식적으로 일어납니다.

저도 예전에는 그랬습니다. 당시 저는 중요하지만 최대한 피하고 싶은 일이 생길 때마다 저렴한 옷을 파는 인터넷 상점이나 그런 상품의 정보를 전달하는 블로그를 매일 하염없이 들여다보았습니다.

그러다 옷을 살 때도 많았죠. 하지만 그때 산 초특가 상품은 몇몇 예외를 제외하고는 전부 쓸데없는 짐이 되었고 몇 년 후에 싹 다 폐기되고 말았습니다.

필요해서가 아니라 기분을 달래기 위해 산 물건이니, 아무래도 쓰레기가 될 운명이었나 봅니다.

통제력을 갖고 싶다

사람은 쇼핑할 때 자신에게 힘이 있다고 느낍니다. 자신의 돈으로 원하는 물건을 사다 보면 스스로 상황을 통제한다는 기분이 들기 때문입니다.

자동차 운전도 이런 점에서 쇼핑과 비슷합니다. 운전대만 잡으면 성격이 완전히 달라져서 차를 난폭하게 몬다거나, 자신을 추월한 차 또는 앞에서 느리게 달리는(어디까지나 자기 생각이지만) 차에 험한 욕을 퍼붓는 사람이 있습니다.

자동차의 방향이나 속도를 자신이 원하는 대로 쉽게 조작하면서 '나는 주위 사람보다 힘이 세다'라고 느끼기 때문입니다.

원하는 물건을 원하는 만큼 사는 행위인 쇼핑에서도 비슷한 기분을 느낄 수 있습니다. 게다가 직원은 쇼핑하러 온 손님을 언제나 극진하게 떠받들어 줍니다.

특히 평소에 자신감이 없어서 쉽게 비굴해지는 사람일수록 쇼핑을 통해 자신의 통제력을 확인하려 합니다.

인간에게는 원래 세상을 자신의 생각대로 움직이려 하는 욕구가 있습니다. 또한 현대의 사회인은 누구나 늘 조금씩은 답답한 감정을 느끼기 때문에 쇼핑을 통해 자신의 통제력을 확인하고 싶어 합니다.

코로나 사태로 봉쇄 조치가 시행되기 직전에 휴지 사재기가 일어난 것을 기억하십니까? 이 사건에도 상황을 통제하고 싶은 사람들의 마음이 드러나 있습니다. 그들은 외출은 못 해도 쇼핑은 자유롭게 할 수 있다는 사실을 확인하고 싶었던 것입니다.

다들 '내가 상황을 통제하고 있다'라는 기분을 느끼려고 사재기를 했겠지만, 사실은 오히려 상황에 휘둘리고 있었으니 참 아이러니한 일입니다.

4 쇼핑 중독
후데코의 이야기

사람들이 쇼핑을 너무 많이 하는 이유를 지금까지 잘난 체하며 줄줄이 분석했지만 예전엔 저도 쓸데없는 물건을 엄청나게 많이 샀습니다.

20대와 30대 초반까지 옷과 잡화, 책을 계속 사들였기 때문에 집 안이 물건으로 가득 차 발 디딜 데가 없을 정도였습니다. 그러다 마침내 한계에 부딪히는 날이 왔습니다. 그때 작심하고 집을 대대적으로 정리한 덕분에 단순한 삶을 시작할 수 있었습니다.

급여 대부분을 쇼핑에 쓰느라 저축조차 전혀 못 할 지경이었으니 지금 생각하면 제가 정말 어리석었습니다.

그때 제가 계속 물건을 사들였던 이유는 무엇일까요?

이유 1 - 지루하고 심심해서

가장 큰 이유는 심심함이었습니다. 달리 하고 싶은 일이 없어서 쇼핑으로 시간을 때운 것입니다. 직장에서는 바쁘게 일했지만 일단 퇴근하고 나면 전부 자유 시간이었으므로 퇴근길에 쇼핑몰에 들러 잡화나 옷을 보며 시간을 보낼 때가 많았습니다.

주로 나고야의 파르코 빌딩에 있는 서점에서 폐점 시간이 될 때까지 책을 읽거나 음반과 잡화를 구경했던 것을 지금도 생생히 기억하고 있습니다.

일이 바빴기 때문에 스트레스가 쌓여 있기도 했습니다.

그러면 집에 얼른 가서 쉬어야 했는데 왜 그런지 아이쇼핑을 한번 시작하면 멈출 수가 없었습니다. 상품을 구경하면서도 빨리 집에 가야 한다는 생각을 떨치지 못했으니 쇼핑을 진심으로 즐기지도 못했는데 말이죠.

나고야 역 옆 건물에 있는 키디랜드에도 자주 갔습니다. 귀여운 캐릭터 잡화와 패션 소품을 파는 그곳에서 앙증맞고 알록달록한 상품을 하나하나 들여다보면서 시간을 보냈습니다.

그중 조금 괜찮아 보이는 것들을 구입하기도 했습니다. 노트, 볼펜, 냅킨 같은 소품이어서 가격은 고만고만했습니다.

지금은 캐릭터 잡화가 비싸게 느껴지지만 당시에는 급여를 거의 다 개인 용돈으로 썼으므로 별로 신경 쓰지 않고 가볍게 샀던 것 같습니다.

그때는 독신인데다 어머니와 같이 살았기 때문에 가사와 육아 부담이 전혀 없었고, 회사 밖의 시간을 전부 저만을 위해 쓸 수 있었으니 생활에 여유가 있기도 했습니다. 그 사실을 나중에 주부가 되고 아이를 낳은 후에야 깨달았습니다.

이유 2 - 무력감을 해소하고 싶어서

당시 저는 회사나 집에서 무언가 생각대로 되지 않을 때마다 쇼핑으로 기분을 풀었습니다. 다시 말해 쇼핑이 제 스트레스 해소 수단이었습니다.

세상일은 무엇 하나 제 생각대로 되지 않았지만 쇼핑할 때는 제가 원하는 것을(가격 제한은 있지만) 자유롭게 살 수 있었으니까요.

사람은 쇼핑할 때 자신에게 통제력이 있다고 느낀다고 앞서 말했는데, 저 역시 순간적인 통제력을 확인하고 '나는 무력하지 않다'라며 자신을 위로한 위로했던 것 같습니다.

그러나 사실 저는 장사꾼과 매체들이 유도하는 대로 지갑을 열었을 뿐이었습니다. 게다가 어머니와 함께 살았던 덕분에 생활에 대한 부담이 없었기 때문에 그렇게 내키는 대로 쇼핑을 할 수 있었을 뿐이지, 별다른 통제력이 있던 것도 아닙니다. 하지만 이것도 세월이 한참 흐른 뒤에야 깨달았습니다.

이유 3 – 자신을 바꾸고 싶어서

당시 저는 '지금의 생활이 싫다. 이대로 회사에 다녀 봤자 출세도 못 하고 나이만 먹을 것이다. 걸레처럼 너덜너덜해질 때까지 쓰이다 버려질 뿐이다'라는 생각에 사로잡혀 있었습니다.

제 상황에 대한 불만, 사회에 대한 환멸을 느꼈습니다. 한마디로 불행했습니다. 그래서 쇼핑으로 손쉽게 행복해지는 길을 선택했던 모양입니다.

'마음의 결핍을 쇼핑으로 메울 수 있다', '쇼핑을 하면 생활이 즐거워진다', '인생이 행복해진다'라고 믿었던 것입니다.

당시에는 이렇게 말로 표현하지 못했지만 '쇼핑을 하면 삶이 더 행복해질 것이다', '쇼핑을 통해 지금과는 다른 내가 되고 싶다'라고 무의식적으로 생각한 것 같기도 합니다..

나중에서야 깨달았지만 사람은 물건을 산다고 변하는 존재가 결코 아닙니다. 그저 지갑이 얇아지고 집에 잡동사니가 쌓일 뿐입니다. 게다가 저는 이미 물건을 많이 갖고 있었으므로, 무언가 사는 행위가 주는 만족감이 필요했을 뿐이었겠지요. 정작 새로 산 물건은 서랍이나 케이스 속에서 잠든 채 하나도 제대로 활용되지 않았으니 정말로 아까울 따름입니다.

이유 4 - 쇼핑의 설렘에 중독돼서

분명 쇼핑을 하면 기분이 좋아집니다. 쇼핑으로 새로운 물건을 손에 넣을 때 뇌에서 도파민이 분비되기 때문입니다.

도파민은 사람에게 긍정적인 기분(쾌감, 만족감)을 느끼게 하는 뇌내 신경전달물질입니다. 그 덕분에 우리는 의욕적으로 다양한 행동을 할 수 있습니다.

뇌가 '이건 좋은 행동이니까 자꾸자꾸 해야겠다'라고 판단하는 순간 도파민이 분비되고 행복감이 솟아납니다.

인간의 뇌는 자신을 지키고 종을 보존하는 일, 즉 생존을 가장 우선시하는 방향으로 진화해 왔습니다. 그래서 처음

발견한 장소에서 낯선 열매나 낯선 동물을 발견하면 '혹시 먹을 수 있을지도 모른다'라는 기대감을 불러일으키며 우리에게 '주워라', '잡아라'라고 명령합니다. 갓난아기가 신기한 물건에 흥미를 보이는 것도 그 때문입니다.

우리의 뇌는 처음 접하는 새로운 물건을 획득하는 행위를 아주 좋아합니다. 그래서 최신 유행 패션, 새로 나온 전자제품, 처음 보는 미지의 상품, 친구들이 아직 사지 못한 신상품, 새로 개발된 화장품, 못 먹어 본 음식, 못 가 본 지역의 특산물, 외국에만 있는 물건 등 새로운 것만 보면 흥분합니다.

하지만 알고 보면 쇼핑할 때가 아니라 쇼핑하기 전, 즉 '조만간 새로운 물건을 갖게 된다'라고 생각하는 순간에 도파민이 제일 많이 분비된다고 합니다. 기대감이 도파민이 분비를 촉진하는 것입니다.

따라서 쇼핑이 끝나자마자 행복감은 사라집니다. 그러면 또 다시 쇼핑을 해서 행복을 느끼고 싶어집니다.

저 역시 '쇼핑 전의 설렘을 맛보고 싶다 → 쇼핑한다 → 흥미가 사라진다 → 또 설렘을 느끼고 싶다 → 쇼핑한다 → 흥미가 없어진다'라는 과정을 계속 반복했습니다.

무료로 무언가 받는 게 좋았다

저는 무료 선물이나 할인 상품에 특히 약했습니다. 하지만 특가 상품, 복주머니,[1] 덤, 무료 샘플, 부록을 쫓아다니다 보니 짐만 점점 늘어나고 있었습니다.

쓸모도 없는데 '공짜다, 이득이야!'라는 반가움에 덮어놓고 받아온 물건들이라 곧바로 짐이 돼 버린 것입니다. 그렇게 잡동사니가 점점 쌓여 가는데도 저는 거기서 좀처럼 벗어나지 못했습니다.

무료로 무언가를 받을 때도 뇌에서 도파민이 나오기 때문에 저도 그럴 때마다 이득을 본 듯한 기쁨을 느꼈을 것입니다.

인간은 본능적으로 자신의 에너지와 자원을 지키려 하므로 돈도, 별다른 노력도 들이지 않고 무언가를 얻는 일을 매우 바람직하게 느낍니다.

인류 역사에서 인간이 배고픔에 시달리지 않은 세월은 아

---

1) 정초에 복을 비는 뜻으로 곡식을 넣어 어린이에게 매어 주는 비단 주머니. 또는 일본 유통가에서 정초에 판매하는 특별 패키지. 안에 다양한 물건을 넣고 대폭 인하된 가격을 매긴다. 소비자는 어떤 상품이 들어 있는지 모르는 상태에서 패키지를 구매하여 열어 보고 새해 운을 점치기도 한다.

주 짧습니다. 불과 얼마 전까지만 해도 먹을 것, 입을 것이 항상 모자랐기 때문에 우리 뇌는 노력 없이 무언가를 얻는 행위를 더없이 기쁘게 받아들입니다.

그럴 때마다 뇌는 보상 반응을 일으켜 '잘했어. 다음에 또 해'라는 명령을 내리고 우리는 몇 번이고 같은 행동을 반복합니다.

물론 제가 쇼핑에 집착했던 그때는 원시 시대가 아니었습니다. 심지어 집에 물건이 항상 넘치던 시절이었습니다. 그런데도 저는 자꾸만 덤을 받아오고 할인 상품을 사들였습니다.

같은 행동을 반복하다 보면 그 행동이 점차 강화돼 습관으로 정착되고, 결국은 아무 생각도 없이 같은 행동을 반복하게 됩니다.

저는 그 습관에 상당히 오랫동안 휘둘렸습니다. 사회생활을 시작한 20세부터 40대 중반까지 무료 선물을 받아 챙기느라 인생의 3분의 2 이상을 낭비하고 말았습니다.

사실 무료로 받은 물건에 그리 큰 기대는 없었습니다. 누구나 마찬가지입니다. '무료로 드리니 마음껏 가져가세요'라며 무언가를 쥐어 주면 '공짜니까 받아야지'라며 이것저것 따지지 않고 받게 됩니다.

나눠 주는 쪽에서도 받는 사람이 큰 기대를 하지 않는다는 것을 알므로 그 상품에 별다른 돈이나 공을 들이지 않습니다. 한마디로 공짜답게 만드는 거죠.

저는 그렇게 받아온 물건 중 도저히 못 쓰겠다 싶은 것이 있어도 '무료니까 어쩔 수 없지'라며 쉽게 체념했습니다. 심지어 '이걸 어떻게 써 볼까?' 하고 궁리하는 데 상당한 시간과 에너지를 소모하기도 했습니다.

무료로 받은 물건이지만 최대한 활용해야겠다는 욕심이 있었던 것입니다.

하지만 단순한 삶을 시작한 뒤에야 깨달았습니다. 저는 원래부터 잡동사니였던 것을 어떻게든 활용해 보려고 제 귀한 시간과 노력을 낭비했을 뿐입니다. 게다가 결국은 쓰레기를 늘려 환경에 부담을 주고 말았습니다.

앞서 말했듯, 제가 진짜로 원한 것은 '공짜로 물건을 받는 쾌감'과 '이득을 봤다는 느낌'이었습니다. 그래서 물건을 사거나 받기만 하면 됐기에 실제로 그 물건을 사용하는 단계에 이르지 못했던 것입니다.

사실 쓸 일이 없었습니다. 이미 필요한 물건을 충분히 갖고 있기도 했고요.

복주머니를 살 때도 마찬가지였습니다. '총 10만 원의 가치가 있는 물건들을 5만 원에 살 수 있다니, 엄청난 이득이야'라고 생각하면서 그 안에 쓸모없는 물건, 취향에 맞지 않는 물건이 들어 있든 말든 신경 쓰지 않았습니다. 그저 싸게 샀다는 것만으로 만족하고 '예쁘니까 어디든 쓸 데가 있겠지'라며 서랍이나 벽장에 집어넣어 버렸습니다.

5   대량 구매가
    정말 이득일까?

대량 구매는 한 가지 물건을 한꺼번에 많이 사서 가격을 내리는 방식입니다. 그래서 실속을 차리겠다며 식료품과 일용품을 매번 대량으로 사서 쟁여 두는 사람이 많습니다.

그러나 대량 구매가 반드시 유리한 것은 아닙니다.

코카콜라를 사는 경우를 생각해 봅시다. 자판기를 이용하면 한 캔에 120엔입니다.

한편 인터넷 상점에서는 24캔짜리 2박스(즉 48캔)가 1,560엔이라고 합시다. 이 경우 한 캔의 가격이 자판기의 절반 정도인 65엔이므로 훨씬 저렴하다고 생각할 수도 있습니다.

한 달에 콜라를 12캔 마신다면(일주일에 3캔) 1년에 7,920엔을 절약하는 셈입니다. 한 캔의 단가를 비교하면 소량보다는 대량으로 사는 게 확실히 쌉니다.

그러나 그것은 어디까지나 한 캔의 단가를 비교했을 때의 이야기입니다. 사실 대량 구매에는 다음과 같은 문제가 있습니다.

구매 시점에 더 많은 비용이 지출된다

확실히 자판기의 콜라는 비쌉니다. 그래서 저는 늘 편의점까지 조금 더 걸어가서 100엔짜리 콜라를 샀습니다. 친정에 머무를 때는 산책을 할 때마다 딸이 콜라를 마시고 싶어 했으므로 딸도 거의 함께 갔습니다.

한편 인터넷에서 대량으로 구매하면 무거운 짐을 집 앞까지 배달해 주므로 편의점까지 걸어갈 필요가 없습니다. 돈도 시간도 노력도 절약됩니다.

그래도 조금만 더 생각해 봅시다. 콜라를 사는 순간에 나가는 돈은 자판기의 경우 120엔이고 인터넷 상점의 경우 3,120엔입니다. 인터넷 상점 쪽이 26배나 비싼 것입니다.

구매 시점의 지출은 소량으로 살 때보다 대량으로 살 때가 훨씬 많습니다. 당연한 사실인데도 우리는 그 사실을 매번 잊습니다. 그래서 상점이나 인터넷에서 우연히 대량 판매 박스를 발견하면 충동적으로 3,000엔을 쓰고 맙니다.

이런 식으로 예산을 자꾸 초과하면 그만큼을 다른 곳에서 채우거나 저축액을 줄이는 수밖에 없습니다.

소비가 자꾸 늘어난다

집에 물건이 쌓여 있으면 소비하는 속도도 더 빨라집니다. '아직 많으니까 괜찮다'라는 생각에 마구 쓰게 되는 것입니다. 빨리 없애지 않으면 유통 기한이나 섭취 기한이 끝나서 폐기해야 할 수도 있으니까요.

식품은 특히 그렇습니다. 더운 계절에 콜라, 맥주, 주스, 생수병 등을 냉장고에 꽉꽉 채워 두면 말 그대로 물 마시듯 벌컥벌컥 마시게 됩니다.

콜라 한 캔을 65엔에 샀다고 해도 세 캔을 마시면 195엔이 사라집니다. 자판기에서 한 캔만 샀다면 120엔만 소비하고 끝났을 것입니다. 그것만으로 갈증이 해결되지 않았다면 사람은 수돗물이나 보리차를 마셨겠지요.

저는 슈퍼마켓에서도 선반이 꽉꽉 차 있을 때 소비 의욕이 더 강해집니다.(봉쇄를 앞두고 사재기가 일어나는 때 등은 예외). 슈퍼마켓의 분실이나 도난이 주로 식품에 집중돼 있는 것도 판매자가 활기찬 분위기를 연출하기 위해 상품을 언제나 꽉꽉 채워 두기 때문입니다. 그래야 고객이 사고 싶은 마음이 생기니까요.

그래서 식품이든 비식품이든, 집에 대량으로 쌓여 있으면 낭비하게 됩니다. 인간은 잃는 것을 무척 싫어하므로 무엇이든 조금밖에 없으면 아껴 쓰기 마련입니다. 반면 쌓여 있으면 아무 생각 없이 마구 씁니다.

대량으로 구매해 단가를 낮춘다 해도 이런 식으로 과식하거나 과용하면 오히려 지출이 늘어날 것입니다.

필요 없는 물건에 돈을 쓰게 된다

대량 구매를 자주 하면 모르는 불필요한 물건에 돈을 쓰게 됩니다.

캐나다의 옷가게에서는 '2개 사면 하나는 반액' 등의 판촉 행사를 자주 합니다. 어디서나 비슷한 수법이 동원되는 것 같습니다. 이럴 때 두 개 다 필요해서 산다면 문제가 없겠지만 하나만 필요한데도 행사 때문에 두 개를 산다면 결국은 지불한 돈의 50퍼센트를 낭비하는 셈입니다. 대량 구매도 이것과 비슷합니다.

다른 예를 들어 볼까요? 드럭스토어에서 당신이 평소 쓰는 바디샴푸의 라지 사이즈를 발견했다고 합시다. 원래는 3개월분만 필요한데도 '큰 걸 사면 1회당 사용량이 저렴해진다'라는 생각에 평소 쓰는 것보다 용량이 6배나 큰 것을 사 버리면 어떻게 될까요?

많다고 펑펑 써서 오히려 더 낭비하거나 2년이 되도록 다 쓰지 못해서 지겨워질 게 뻔합니다.

그럴 때 상점에 가면 우연히 발견한 신상품을 사 버릴 위험이 높습니다. 그러면 욕조 옆에 쓰다만 커다란 병이 하나 더 쌓일 것입니다.

단가를 낮추기 위해 대용량 제품을 사면 뭐하겠습니까? 다 쓰기도 전에 다른 샴푸를 사게 되니 결국은 낭비입니다.

생활의 변화에 대응하기 어려워진다

대량 구매를 하면 새로운 생활환경에 대응하기 어려워진 다는 것도 문제입니다.

대량 구매 상품에는 '초특가', '출혈 가격 특대 사이즈', '말 도 안 되는 가격' 등의 홍보 문구가 붙어 있습니다. 우리는 종종 이런 글자에 냉정한 판단력을 잃어버리고 1~2년은 써 야 할 것 같은 대용량 티슈, 주스, 팬티스타킹, 조미료를 사 고 맙니다.

이것은 하나의 상품을 1~2년 동안 소비할 의무를 자신에 게 지우는 일입니다. 1~2년은 긴 시간이라서 도중에 다양한 변화가 생길 수 있습니다. 취향이나 생활환경이 바뀔지도 모 릅니다.

그러나 대량 구매한 상품이 대량으로 남아 있으면 새로운 환경에 유연하게 대응하기가 어려워집니다.

대량 구매로 물건을 쟁인 후에 생활이 미묘하게 달라지면 그때 사들인 것이 전부 짐이 되고 맙니다.

사실 평소에 쓰는 샴푸가 언제 떨어질지 정확히 아는 사람은 많지 않습니다. 일용품을 모두 쟁여 놓고 쓰므로 '아, 이제 곧 떨어지겠다. 사러 가야지'라고 생각할 기회조차 없기 때문입니다.

생활공간이 좁아진다

물건을 많이 사면 당연히 공간이 좁아집니다. 식품을 대량으로 구매하는 사람이라면 냉장고도 대형으로 쓰고 있을 가능성이 높습니다.

냉장고는 원래 물건을 차게 보관하거나 오래 보존하기 위한 가전제품이지만 식품을 대량으로 구매하다 보면 물건을 수납하는 장소, 즉 창고처럼 쓰기 쉽습니다. 전기료가 드는 창고인 셈이죠.

일본에도 요즘 냉장고가 두 대인 집이 늘고 있습니다. 한 대는 식품용, 또 한 대는 음료용으로 나눠 쓰기도 하고 한 대는 주방에 두고 나머지 한 대는 2층에 둔다는 사람도 있습니다.

하지만 2층 방에서 냉장고가 있는 1층 주방까지 가기가 귀찮을 만큼 집이 크다면, 집 자체가 쓸데없는 물건을 늘리는데 일조하는 위험한 물건인지도 모릅니다.

　대량 구매를 즐기는 사람은 물건을 쌓아 둘 곳이 모자라서 '집이 좁다', '수납공간이 부족하다'라고 느끼기 쉽습니다.
　그러나 수납공간이 부족한 것은 집이 좁아서가 아니라 쓸데없는 물건이 너무 많아서입니다. 그런 이유로 큰 집으로 이사한다면 괜히 주거비(대출 상환금 등)와 냉난방 비용만 늘어날 것입니다.

　지출을 줄이기 위해 시작한 대량 구매 때문에 결과적으로 총지출이 늘어나는 셈입니다. 물론 나중에 남아도는 물건을 처분하려면 더 많은 수고와 스트레스가 따를 것입니다.

6 돈이 한 번만
나가는 것이 아니다

물건을 사려면 당연히 돈을 지불해야 하지만 쓸데없는 물
건을 사면 나중에 다른 돈을 또 들어야 합니다. 과도한 소비
에는 이처럼 다양한 금전적, 감정적인 대가가 따라붙습니다.

유지비

물건을 일단 소유하면 그것을 활용하거나 유지하기 위해
돈을 더 쓰게 됩니다. 청소기를 샀더니 연장 코드가 필요해
지고 전자 서적 단말기(킨들 등)를 샀더니 케이스가 필요해지

는 식입니다.

이미 구입한 물건에 맞춰 다른 물건을 사게 되는 경우도 있습니다. 예를 들면, 검정 코트를 새로 샀는데 막상 입어 보니 얼굴이 좀 어두워 보여서 고민하던 차에 잡지에서 우연히 검정 코트에 빨간 가방을 코디한 사진을 보고 결국은 빨간 가방을 사게 되는 식이죠.

물건이 늘어나면 수납공간이 더 필요해져서 수납 용품이나 가구를 사고 싶어질지도 모릅니다. 집이 비좁아 보여서 큰 집으로 이사하는 사람도 있을 것입니다. 그 경우, 커진 수납공간에 대한 비용(임대료, 대출 상환금, 광열비)까지 늘어나게 됩니다.

일본인들은 대개 학생 때는 작은 원룸에 살다가 결혼하면 조금 더 큰 다세대주택으로, 아이가 태어나면 단독주택으로 옮깁니다. 나이를 먹을수록 넓고 큰 집으로 옮기는 것입니다.

가족이 늘어서 그럴 수도 있지만 물건이 급속도로 늘어나서 점점 더 큰 집이 필요해지는 것은 아닐까요? 이처럼 물건을 수납하기 위해 주거비를 점점 더 많이 지불하는 패턴이 평생 이어지는 듯합니다.

요즘은 비용을 지불하고 임대 창고 등 수납공간을 빌리는 사람, 전문가에게 돈을 내고 수납 기술을 배우는 사람도 많습니다. 집에 쌓인 물건을 정리하려는 사람이 많다 보니 수납 관련 시장도 점점 커지고 있습니다. 버리기, 수납하기, 청소하기, 정리·정돈하기에 관한 책은 끊임없이 출간되는데도 전부 다 그럭저럭 잘 팔립니다.

정리정돈 지도사, 수납 컨설턴트 등 수납법을 가르치는 직업이 생겨났고 정리 방법을 가르치는 강좌도 성황입니다. 현대인은 돈을 들여 쓸데없는 물건을 사서 쌓아 놓고 처치가 곤란하다며 책과 강좌, 서비스에 또 돈을 들이고 있는 것입니다.

회수 및 폐기 비용

물건을 사서 돈을 들여 보관하고 관리하더라도 결국 쓰게 되면 처분해야 합니다. 물건이 많을수록 버릴 물건도 많아질 텐데, 그 양이 너무 많으면 버리는 비용도 상당히 커집니다.

지자체가 대형 쓰레기를 저렴한 비용에 처리해 주지만 그것은 우리가 세금을 내기 때문입니다. 민간 재활용 업체나 폐기 업체를 부르면 상당한 금액을 요구합니다. 가치가 없어진 물건을 버리고 싶을 뿐인데도 비용이 발생하는 것입니다.

구입처에 회수나 폐기를 부탁해도 처리 요금을 내라고 합니다. 그게 싫으면 또 돈을 내고 새로운 상품을 구매하면서 무료 수거 서비스를 이용하는 수밖에 없습니다.

일반 쓰레기 처리 비용

일반 쓰레의 경우, 정해진 날짜에 집 앞에 내놓으면 지자체가 수거합니다. 그래서 일반 쓰레기 처리는 무료인 것처럼 생각할 수 있지만 이것 역시 세금으로 충당될 뿐 엄연히 비용이 드는 일입니다.

도쿄의 친구 집에 놀러 갔을 때 쓰레기 분리배출에 관한 이야기가 나왔습니다. 제 고향인 나고야에서는 쓰레기를 굉장히 꼼꼼하게 분리해서 내놓아야 한다고 했더니 친구가 "우리 동네 소각로는 온도가 무척 높아서 쓰레기를 꼼꼼하게 분리하지 않아도 돼"라고 말해 주었습니다.

시민으로서는 편리할지 몰라도 소각로를 높은 온도로 유

지하려면 비용이 많이 들 것입니다. 그것도 다 우리가 낸 세금으로 충당되는 비용입니다.

행동의 제약

물건이 자유를 제한하는 족쇄가 될 때도 있습니다. 실제로 물건 때문에 여행과 이사를 꺼리는 사람이 많습니다.

저희 어머니도 일주일 이상은 집을 못 비우겠다고 합니다. 근처에 친척들이 살아서 우편물도 챙겨 줄 테고 정원 관리도 해 줄 텐데, 빈집이 여전히 걱정되는 모양입니다. 이처럼, 물건이 많으면 그것을 잃을까 봐 전전긍긍하게 됩니다. 물건이 주인의 행동을 제약하기도 하고 쓸데없는 행동을 부추기기도 합니다.

저는 정말 중요한 물건, 잃어버리면 안 되는 물건을 작은 주머니에 넣어 항상 갖고 다닙니다. 다른 물건은 도둑을 맞거나 집에 불이 나서 전부 타 버린다 해도 큰 충격은 받지 않을 것입니다. 당연히 도둑이나 화재는 피해야겠지만 처음에 놀란 마음만 가라앉히고 나면 잃어버린 물건은 금세 포기할 수 있을 것 같습니다.

죄책감과 열등감

쓸데없는 물건 때문에 정신적인 대가를 치르는 경우도 있습니다. 바로 죄책감과 열등감입니다.

예전에 저는 스티커 같은 자질구레한 물건을 쓰기 아깝다며 쌓아놓고 살았습니다. 책도 마찬가지여서 아직 읽지 않은 책과 아직 풀지 않은 문제집을 쌓아놓고 '언젠가 읽을 거야, 꼭 활용할 거야'라고 늘 다짐했습니다.

쓰지 않은 물건이 눈에 띄면 '아직도 안 썼네, 아까워'라며 속상해했습니다. 그럴 때마다 무언가에 쫓기는 듯 초조해졌습니다.

'쓰지도 않을 거면서 또 쓸데없는 물건을 샀네', '돈을 또 낭비했어'라는 자책감에 사로잡힐 때도 많았습니다. 그러다 어느 날 문득 깨달았습니다. '시간이 나면 꼭 쓰겠다는 다짐은 영영 이뤄지지 않겠구나'라고요.

지금 시간을 들여 쓸 마음이 없는 물건은 앞으로도 영영 쓰지 않을 물건입니다. 그래서 그렇게 사장된 물건을 딸에게 넘기거나 기증하고 나니 마음이 가벼워졌습니다. 무겁고 낡은 짐에서 해방된 것입니다.

아무 생각 없이 쓸데없는 물건(?)을 사면 나중에 이렇게 정신적인 부담을 짊어지게 됩니다.

이런 나쁜 쇼핑 습관을 고치려면 어떻게 해야 할까요?

돈에 대한 사고방식을 바꾸면 쇼핑 습관이 달라질까요?

2장

쇼핑 습관을 바꾸는 방법

1   이렇게
바꿔보자

낭비와 충동구매를 최소화하여 돈을 절약하고 정말로 필요한 물건을 사서 제대로 쓰면서 생활하고 싶습니까? 그렇다면 제일 먼저 자신의 쇼핑 습관을 점검하시기 바랍니다.

쇼핑도 습관이라서 사람마다 패턴이 다릅니다. 그중 나쁜 패턴을 찾아서 개선하면 바람직한 소비 생활을 실현할 수 있을 것입니다.

잡지나 인터넷에는 '1년에 1,000만 원씩 모으는 사람의 쇼핑 습관'이라든가 '돈 잘 모으는 사람이 반드시 하는 일' 같은 기사가 자주 실립니다. 거기 나온 요령을 흉내 내기만 해도 어느 정도 효과는 볼 수 있습니다. 그러나 기사의 주인공은 자신과 전혀 다른 사람이므로 그 방법을 따라 해서 저축액을 늘리기는 쉽지 않을 것입니다.

효과를 크게 보지 못한 사람이 많으니 몇 년이 지나도 똑같은 기사가 잡지에 실리는 것이 아닐까요?

저도 남을 무작정 따라 하는 방식은 추천하지 않습니다. 자신과 기질이나 생활환경이 딴판인 사람을 흉내 내기가 쉽지 않은데다 자칫하면 잘 해내지 못하는 자신이 싫어질 위험도 있기 때문입니다. 그것보다 자신의 현재 쇼핑 습관을 파악하고 그것을 조금씩 고쳐 나가는 것이 좋습니다.

자주 사는 물건은 무엇인가

집에 있는 물건 대부분이 자신이 쇼핑한 결과일 것입니다. 따라서 소지품의 내용과 양을 조사하면 자신의 쇼핑 경향을 알 수 있습니다.

양이 너무 많은 물건, 필요가 없는데도 이유 없이 사게 되는 물건, 사는 행위 자체가 좋아서 자꾸 사는 물건은 없습니까?

예전에 저는 의류, 책, 문구를 특히 많이 샀습니다. 제 딸은 쇼핑을 자주 하지는 않지만 레깅스, 손 세정제, 향초 같은 것을 주로 사고 책이나 잡지는 거의 사지 않는 듯합니다. 한편 남편은 쓰레기봉투, 주방용 랩, 포일 같은 일용품과 베개, 실내용 슬리퍼 등을 자주 삽니다.

자신의 소지품을 직접 눈으로 보며 양이 특히 많은 품목이 무엇인지 찾아봅시다. 그리고 전체적으로 어떤 물건을 얼마나 갖고 있는지 노트에 정리해 봅시다. 종류가 너무 많아서 전부 적거나 헤아리기 어렵다면 특히 양이 많은 품목, 자주 사는 듯한 품목만 떼어서 조사해도 됩니다.

온라인 쇼핑을 자주 하는 사람은 인터넷에 쇼핑 이력이 남아 있을 테니 참고합시다. 요즘은 쇼핑 이력에 상품 사진까지 첨부돼 있어서 경향을 파악하기가 한결 쉽습니다.

사람은 남에게 줄 선물을 살 때도 자신이 좋아하는 물건을 고르므로 쇼핑 이력을 보면 자신의 경향을 정확히 파악할 수 있습니다.

별생각 없이 물건을 사 놓고 그 물건의 존재를 잊어버려서 비슷한 물건을 또 사는 사람이 있는데 그런 사람도 자신의 구매 이력을 눈으로 확인하면 '한동안 이건 안 사도 되겠구나'라고 생각하게 될 것입니다.

자신이 무엇을 자주 사는지 알아냈다면 그 이유도 잘 생각해 봅시다.

제가 책을 자주 사는 것은 어릴 때부터 책 읽기를 좋아해서 책방에 매일 들르는 게 습관이 되었기 때문입니다. 남편이 일용품을 자주 사는 것은 슈퍼나 드럭스토어에서 할인 행사를 하는 것을 목격하면 무엇이든 사지 않고는 못 배기기 때문입니다. 저렴한 물건만 찾다가 결국 돈을 낭비하는 사람의 전형이지요(국제적으로 남편 흉을 봤네요.ㅜ.ㅜ).

쇼핑 일기를 쓰자

쇼핑을 할 때마다 무엇을, 언제, 어디서, 얼마에, 왜 샀는지 기록해 두면 자신의 쇼핑 습관을 더 정확히 분석할 수 있습니다.

쇼핑 습관을 제대로 파악할 수만 있다면 어떤 형식이든 괜찮습니다. 종이와 연필을 써도 되고 스마트폰 앱을 써도 됩니다.

저는 벌써 몇 년째, 식료품 이외의 물건을 살 때마다 구글 스프레드시트를 활용하여 쇼핑 이력을 관리하고 있습니다. 쇼핑 내역을 묻는 설문(구글 폼)을 미리 만들어 놓고 새로운 물건을 집에 들일 때마다 (주문한 날이 아니라 집에 들인 날 기준으로) 정보를 입력한 뒤 송신하면 스프레드시트가 자동으로 업데 이트되므로 무척 편리합니다.

구글 설문에는 날짜, 품목, 가격, 장소(자주 가는 상점을 선택지로 미리 넣어 두고 해당 상점을 클릭하도록 함), 구매 이유, 기타 사항을 입력하게 돼 있습니다.

사계절의 소비 패턴을 파악하려면 1년쯤 기록하는 것이 유리하겠지만, 처음에는 2주나 한 달 정도로 짧은 기간을 정해 놓고 도전해야 좌절하지 않습니다. 기록을 싫어하는 사람이라면 상품 사진을 찍어 놓고 때때로 들여다보는 것도 도움이 될 것입니다.

다른 사진과 섞이면 한눈에 경향을 파악하기 어려울 테니 '구매 물품'이라는 폴더를 만들어 사진을 정리하는 것이 좋습니다. 저도 구매한 물건을 전부 스마트폰으로 찍어 두고 있습니다.

그것마저 귀찮다면 영수증이라도 한데 모아 놓고 가끔씩 들여다보세요. 그나마 아무것도 하지 않는 것보다는 나을 것입니다.

 쇼핑을 많이 하는 사람은 모든 품목을 관리하기 어려울 테니 의류, 책, 간식 등 중요한 품목만 기록해도 괜찮습니다. 저도 한때 견과류를 많이 먹던 시절에는 견과류 구매 정보만 따로 기록하여 관리했습니다.

 매일 쇼핑 일기를 쓰는 행위만으로도 자신의 쇼핑 습관을 상당히 파악할 수 있습니다. 같은 품목을 여러 번 입력하고 있다는 사실을 깨닫게 될 수도 있습니다. 또, 균일가 상품을 많이 사는 사람은 〈다이소〉를 자주 체크할 것이고 온라인 쇼핑을 많이 하는 사람은 〈아마존〉 등 대형 온라인 상점의 이름을 자주 체크하겠지요.
 자신이 일주일에 다섯 번 이상 스타벅스 커피를 사 마신다는 사실, 대대적인 할인 행사가 열릴 때마다 당장 필요하지 않은 물건을 사고 있다는 사실도 깨달을지 모릅니다. 그렇게 구매한 물건을 제대로 활용하고 있는지도 생각해 볼 필요가 있습니다.

 구매 목록에 있는 물건 중 한번도 쓰지 않고 방치된 것은 없습니까? 그것을 쓰지 않는 이유는 무엇입니까? 이런 사고 과정이 쇼핑 습관을 바꾸는 데 큰 도움이 됩니다.

참고로 스프레드시트를 활용하면 구매 금액을 쉽게 합산할 수 있으므로 한 해 동안 어떤 물건에 얼마나 돈을 썼는지, 그 금액은 수입의 몇 퍼센트를 차지하는지도 일목요연해집니다.

쇼핑 습관을 파악했다면 앞으로도 지금의 방식을 그대로 유지하고 싶은지 곰곰이 생각해 봅시다. 지금과 똑같은 패턴으로 쇼핑하며 생활하고 싶습니까?

만약 '이대로는 안 되겠다'라고 생각한다면 제일 바꾸고 싶은 부분을 골라내서 구체적인 개선 방법을 궁리해 봅시다. '한 달 동안 편의점 가지 않기', '두 달 동안 과자 사지 않기' 등의 구체적인 과제를 부여하고 실천해 보는 것도 좋은 방법입니다.

2   사지 않는 도전

자신의 쇼핑 습관을 개선하기 위해 특히 효과적인 방법이 '사지 않는 도전'입니다. 이것은 자신에게 구체적인 과제를 부여하여 의식적으로 쇼핑을 제한하는 활동입니다. 구체적인 방식은 다음과 같습니다.

사지 않는 도전을 쉽게 시작하고 끝까지 완수하는 10대 요령

요령 1 – 대상과 기간을 압축한다

일단은 앞서 소개한 방법을 활용하여 자신이 어떤 품목을

자주 사고 어떤 상점을 주로 이용하며 어떤 상황에서 지갑을 열게 되는지 알아봅니다.

그런 다음 사지 않는 도전의 대상을 정합니다. 대상은 품목(옷, 잡화, 책, 간식, 커피 등)이어도 괜찮고 상점(균일가 브랜드, 인터넷 상점, 의류 브랜드)이어도 상관없습니다.

저는 몇 년 전부터 사지 않는 도전을 통해 구매 품목 수를 꾸준히 줄여 왔습니다. 그래서 이제는 나중에 언급할 '자기 규칙'에서 '사도 되는 것'으로 정한 품목 외에는 전혀 사지 않고 있습니다.

도전 기간은 일주일, 한 달, 삼 개월, 반년 등 상황에 맞게 정하면 됩니다.

저는 새해 즈음에 한 해분의 도전을 계획하고 실천해 나갑니다. 가끔은 '이번 달에는 책을 사지 않겠다' 등의 한 달짜리 도전을 중간에 추가할 때도 있습니다.

요령 2 – '자기 규칙'을 만든다

사도 되는 품목과 최소한으로 사야 하는 품목을 정합니다. '앞으로는 필요한 물건만 살 것이다'라든지 '최대한 쇼핑을 줄이자'라는 모호한 생각으로 도전을 시작하는 사람이 있는데 목표가 막연할수록 실패하기 쉽습니다.

사지 않는 도전이니만큼 당연히 물건을 사지 않는 것이 중요하겠지만, 이 도전의 최종 목적은 어디까지나 바람직한 쇼핑 습관을 정착시키는 것이지 물건을 사지 않는 것 자체가 아닙니다.

현대인은 쇼핑하지 않고는 살 수 없는 존재이므로 꼭 쓸 곳을 추려 내 거기에만 돈을 쓰는 것이 중요합니다.

돈은 쓰기 위해 있는 것입니다. 또 '최대한 쇼핑하지 않겠어!'라고 무작정 참다 보면 어느 순간 고삐가 확 풀려 물건을 마구잡이로 사들이게 될 위험이 있으니 조심해야 합니다.

1년간 돈을 전혀 쓰지 않는 데 도전하여 성공한 사람도 있지만 그것은 초보자에게는 너무 어려운 과제이므로 처음에는 작은 목표부터 세우는 것이 좋습니다.

저는 식품, 향초(불꽃을 바라보며 머리를 식히는 데 자주 씀), 치아 관리 용품, 친구에게 줄 선물, 지금 쓰는 것을 대체할 옷과 구두, 일에 필요한 물건(책 제외) 등 없으면 살 수 없는 물건들을 '사도 되는 것'으로 정해 두었습니다.

초보자는 조금만 노력하면 실천할 수 있는 계획을 세워야 합니다. 너무 어려우면 도중에 좌절하여 '역시 나는 쇼핑을 못 참는 인간이야', '나는 여전히 작심삼일이구나'라며 자책하게 될지 모르니까요.

요령 3 – 초보자에게 추천하는 '사지 않는 도전'

처음에는 충분히 실현할 수 있는 목표를 세워야 합니다. 그 예를 들면 다음과 같습니다.

- 일주일에 하루는 돈 쓰지 않는 날로 지킨다(매일 쇼핑하는 사람에게 추천).
- 한 달간 편의점이나 균일가 상점에 가지 않는다.
- 한 달간 쿠키나 초콜릿을 사지 않는다(단것을 달고 사는 사람에게 추천).
- 6개월간 잡지를 사지 않는다.
- 6개월간 행사 상품을 사지 않는다.
- 집에 있는 새 책 열 권을 다 읽을 때까지 다른 책을 사지 않는다.
- 6개월간 소모품을 대량 패키지로 구입하지 않는다.
- 1년간 옷을 사지 않는다.
- 복주머니를 사지 않는다.
- 올해는 어린이날, 생일, 크리스마스에만 아이에게 장난감을 사 준다.

이 외에도 다양한 아이디어가 있을 것입니다. 쉬운 것부터 시작하고 익숙해지면 조금씩 목표를 높여 보세요.

요령 4 - 기록을 때때로 점검한다

장기 목표에 도전할 때는 한 달에 한 번씩 성과를 평가하고 계획을 수정하는 것이 좋습니다.

그러려면 쇼핑 일기를 쓰는 것이 효과적입니다. 앞서 말했듯, 저는 매일 쇼핑 사실을 기록하고 한 달에 한 번씩 그 이력을 검토합니다. 2018년에는 블로그에 매월의 쇼핑 이력을 소개하기도 했습니다. 그 해 1년간의 기록을 보니 향초와 치아 관리 용품 외에는 아무것도 사지 않았다고 되어 있었습니다. 그래서 두 품목을 '사도 되는 것'으로 정했습니다(단, 그때그때 금액 제한은 있음).

이처럼 쇼핑 일기를 쓰면 도전 목표를 얼마나 달성했는지 파악해 동기를 부여하고 쇼핑 습관도 정확히 파악할 수 있습니다.

요령 5 - 다른 사람에게 이야기한다

가족이나 친구에게 '사지 않는 도전'을 하고 있다고 이야기하면 여러 모로 도움이 됩니다. 예를 들자면 이렇습니다.

• 동기가 부여된다

'친한 사람을 실망시키고 싶지 않다', '작심삼일이라고 비웃음당할까 두렵다'라는 생각 때문에 쉽게 포기하지 않게 됩니다.

• 일일이 설명하지 않아도 된다

'사지 않는 도전'을 시작했다고 한 번만 말해 두면 함께 쇼핑몰에 가서도 쇼핑을 하지 않는 이유와 쇼핑하러 같이 가자는 권유를 거절하는 이유를 꼬치꼬치 설명하지 않아도 됩니다.

• 도움을 받을 수 있다

주변에 '사지 않는 도전'을 시작했다고 말했을 때 곧바로 호응해 주는 사람은 그리 많지 않습니다. 오히려 모두들 '그게 대체 무슨 소리야?'라는 표정으로 당신을 쳐다볼 가능성이 높습니다. 하지만 그중 '나도 해 보고 싶다'라고 맞장구쳐 주는 사람이 있을지도 모릅니다. 또, 당신이 물건을 사려 할 때 "뭔가 도전한다고 그러지 않았어? 그거 사지 말지 그래?"라고 당신을 말려 주는 고마운 사람도 나타날 수 있습니다.

저는 이런 생활에 익숙해져서 특별한 동기 부여가 없어도 사지 않는 도전을 그럭저럭 계속할 수 있습니다. 블로그에 글을 쓰면서 의욕을 고취하는 정도면 충분합니다.

딸에게도 사지 않는 도전을 시작할 때마다 미리 이야기합니다. 덕분에 제가 "어? 이거 좋다. 살까?"라고 망설일 때마다 딸이 "엄마가 올해는 안 사는 해라고 했잖아"라고 지적해 줍니다.

요령 6 - 쇼핑에 쓸 자원을 다른 일에 쓴다

앞에서 말한 것처럼 우리는 모든 일상적 활동에 시간, 돈, 체력, 정신력이라는 유한한 자원을 쓰고 있습니다.

특히 쇼핑은 생각보다 시간과 수고가 많이 드는 활동입니다. 그러므로 쇼핑에 쓸 자원을 일부러 다른 곳에 먼저 써 버리면 사지 않는 도전을 계속하기 쉬워집니다.

혹시 쇼핑이 취미였다면 새로운 취미를 찾는 것이 좋습니다. 친구를 만날 때마다 습관적으로 쇼핑을 했던 사람은 쇼핑 대신 영화 감상, 미술관 관람, 요리 등 쇼핑이 아닌 활동을 친구에게 제안해 봅시다.

요령 7 – 집에 있는 물건을 활용한다

새로운 물건을 집에 들이는 대신 이미 있는 물건을 활용합시다. 소지품 목록을 작성해 보라고 앞에서도 말했지만 집안의 물건을 정리하다 보면 존재마저 까맣게 잊고 지냈던 물건이 나타날 때가 있습니다. 그런 물건을 최대한 활용해야 합니다.

그러기 위해서는 우선 영영 쓰지 않을 듯한 물건을 처분하세요(양이 너무 많으면 잘 쓰지 않게 됨). 그리고 남은 물건들을 어디에, 언제 쓸지 구체적으로 계획을 세워 스케줄에 반영합니다. 쓰기 편하도록 손 닿는 곳에 물건을 놓아 두는 것도 좋습니다.

존재를 의식하지 못하면 쓸 수 없습니다. 저 역시, 읽지도 않은 책이 점점 쌓이는 상황을 개선하기 위해 한동안 새 책을 집에 들이지 않고(사지 않는 도전) 가까이 있는 책부터 차례차례 읽는 중입니다.

예전에 잡지에서 오려 내거나 인터넷에서 인쇄한 요리 레시피를 종이봉투에 잔뜩 모았던 적이 있습니다. 그것을 제대로 활용하고 싶어서 봉투에서 꺼내 하나하나 읽어 보면서, 어려워 보이는 것은 버리고 괜찮아 보이는 것만 손이 닿는 주방 선반에 두었습니다. 모든 요리를 한 번씩 만들어 보려 했지만 제가 요리를 별로 좋아하지 않아서 결국 거의 다 버리고 말았습니다.

집에 있는 식품을 먹어 치우는 활동, 일명 '냉장고 파먹기' 또한 자신이 가진 것을 활용하는 좋은 방법 중 하나입니다.

요령 8 – 필요할 때 필요한 만큼만 산다

무엇을 사든 필요한 것을 필요할 때 필요한 만큼만 사면 낭비가 확 줄어듭니다.

물론 최소한의 비축분은 필요합니다. 특히 일본은 지진이 많은 나라라서 비상식량을 준비해 두어야 합니다. 그래도 필요 이상으로 쌓아 두는 것은 좋지 않습니다.

2020년에는 코로나 방역 때문에 쇼핑을 자유롭게 할 수 없었을 뿐만 아니라 물류가 아예 멈출까 봐 걱정한 적도 많았습니다. 그래서 '미니멀리스트는 재난에 취약하다'라고 생각하게 된 사람이 적지 않습니다.

실제로 '미니멀리스트가 된 것을 후회했다'라는 한 여성의 이야기가 인터넷 뉴스에 실리기도 했습니다. 그녀는 평소에 필요할 때 필요한 만큼만 사서 쓰는 생활을 실천하고 있었는데 코로나 사태로 도시 봉쇄가 시작될 즈음에 휴지 사재기가 심각하다는 TV 뉴스를 접했다고 합니다. 집에 남은 게 얼마나 되는지 세어 보았더니 하루 이틀 안에 떨어질 것 같아서 당장 사러 나갔지만 슈퍼에도 편의점에도 재고가 없어서 무척 초조했답니다. 그리고 결국은 집에 있는 것을 아껴 쓰다가 5일 후에 겨우 샀다는 것입니다.

하지만 진짜 미니멀리스트라면 휴지를 사지 못했다고 안절부절못할 이유가 없습니다. 휴지가 없으면 깨끗한 천으로 닦아도 되고 천마저 없으면 물로 씻을 수 있으니까요. 지혜를 짜내면 얼마든지 방법을 찾을 수 있습니다.

요령 9 - 쇼핑의 계기를 알아낸다

사람들은 계기가 될 만한 사건이나 자극이 발생했을 때 쇼핑을 시작합니다. 평소에 자신이 어떤 사건이나 자극을 계기로 쇼핑을 시작하는지 생각해 봅시다. 가장 흔한 계기를 꼽아 보자면 다음과 같습니다.

1. 심리적 욕구를 자극하는 사건(제1장 참고)

2. 다른 사람의 행동

3. 환경과 상황

셋 중 두 번째와 세 번째를 살펴볼까요?

다른 사람의 행동이 계기가 되는 경우

- 어머니, 친구 등 특정한 사람과 쇼핑하는 것이 습관이 되었다(만나기만 하면 쇼핑하는 사이).
- 가족과 싸울 때마다 화가 나서 물건을 사게 된다(자주 싸우다 보면 싸움이 습관이 돼 물건이 점점 늘어남).
- 누군가가 자신이 가진 물건이나 옷을 무시하거나, 반대로 칭찬하는 것을 듣고 쇼핑을 시작한다.
- 친한 판매원의 초대를 받아 매장에 가거나 미용사에게 권유받아 샴푸를 산다.
- 특정인이나 주위 사람들에게 자신의 우위성을 인정받고 싶어서 물건을 산다(멋진 사람, 센스 있는 사람으로 보이고 싶은 욕구. 이 승인 욕구가 과도해지면 허세를 부리거나 남을 압도하고 싶어지기도 함).
- 남편이나 아이가 부탁한 물건을 산다('크리스마스에는 저걸 선물해 줘', '설날에는 이걸 사지 않을래?').

환경이나 상황이 계기가 되는 경우

- 상점 내의 다양한 안내판, 홍보물을 보고 구매를 결정한다(상점 간판, 숫자 및 화살표, 구매를 호소하는 홍보 문구 등).

- 특별한 행사 때 입을 옷이나 구두를 산다(파티, 여행, 결혼식, 신년회, 자녀의 유치원 입학식 등).
- 회사 동료가 입은 것을 보고 사고 싶어지거나 유튜버가 동영상에서 사용하는 것을 보고 갑자기 갖고 싶어져서 따라 산다.
- 친구의 생일 선물을 알아보다가 쇼핑을 시작한다(온라인이든 오프라인이든 남의 선물을 사면서 자기 물건까지 함께 사는 사람이 많음).
- 인스타그램 등에서 우연히 본 상품 광고에 혹해서 상품을 구매한다.
- 이메일에서 온라인 상점의 할인 행사 소식을 접하고 링크를 눌러 쇼핑을 시작한다.
- 태풍 직전이나 봉쇄 직전에 슈퍼에서 장을 보다가 다른 사람이 물건을 사재기하는 것을 보고 왠지 마음이 급해져서 사재기에 동참한다.
- 가욋돈이 들어왔다는 이유로 평소였다면 사지 못했을 물건을 산다.

쇼핑을 부추기는 계기를 알아냈다면 거기에 휩쓸리지 않고 잘 넘어가는 방법, 쇼핑이 아닌 다른 행동으로 대처하는 방법은 무엇일지 생각해 봅시다. 예를 들어 인스타그램이나 유튜브를 볼 때 인플루언서[2]가 쓰는 물건을 자꾸 갖고 싶어지다면 SNS 사용을 제한합니다.

무언가 필요하다는 생각이 들었을 때 곧바로 상점에 접속하지 말고 '30일 기다리기 노트'에 상품명을 써 놓는 것도 좋은 방법입니다. 이렇게 하면 계기가 있을 때 곧바로 쇼핑을 시작하는 것이 아니라 다른 행동을 먼저 취하는 습관을 들일 수 있습니다.

요령 10 - 실패해도 좌절하지 않는다

'사지 않는 도전'을 하는 도중에 사소한 일로 마음이 흔들려서 옷이나 책, 잡지를 대량으로 사 버릴 수 있습니다. 그래도 '난 안 되는구나'라며 무너지지 마세요. 누구에게나 반동이 찾아오므로 어느 정도 실패는 감안해야 합니다. 실패는 대단한 문제가 아닙니다. 진짜 문제는 거기서 포기하고 예전처럼 아무 생각 없이 물건을 사들이는 생활로 돌아가 버리는 것입니다.

---

2) SNS에서 수만 명에서 수십만 명에 달하는 구독자를 통해 대중에게 영향력을 미치는 사람.

실패하더라도 누구에게나 실패가 있다고 생각하고 자신을 너무 비난하지 않도록 합시다. 실제로 무슨 일에나 실패는 따르는 법이고 실패가 없이는 성장도 없습니다.

다음으로 왜 도전을 시작했는지, 애초의 목적을 한번 더 확인합시다. 어떤 일이든 하다 보면 수단과 목적을 헛갈리는 순간이 옵니다. '사지 않는 도전'을 하다 보면 사지 않는 것을 최우선으로 삼기 쉬운데 진짜 목적은 쇼핑 습관의 개선임을 잊지 마세요.

'사지 않기'란 수단에 불과하므로 만약 그것을 실천하기가 어렵다면 그 외의 다른 수단을 쓰거나 방식을 약간 바꾸어도 괜찮습니다.

만약 처음부터 목표가 너무 높았거나 실행 계획이 너무 어려웠다고 판단되면 목표를 좀 낮추어 다시 시작하세요.

3 충동구매를 막는
열다섯 가지 방법

낭비의 가장 큰 원인은 충동구매입니다. 쇼핑 습관을 고치고 싶다면 특히 충동구매를 막는 데 신경을 써야 합니다.

앞서 소개한 '사지 않는 도전'의 10대 요령을 참고하면서 다음 대책을 실시하면 충동구매를 효과적으로 막을 수 있을 것입니다.

오프라인 상점의 경우

대책 1 – 목적 없이 방문하지 않는다

살 것이 있을 때만 매장을 방문합니다. 상점은 아무 목적

없이 시간을 보내려고 찾아가는 곳이 아닙니다.

대책 2 – 쇼핑 목록을 지참한다

살 물건의 목록을 미리 작성합니다. 종이와 펜으로 작성하든 스마트폰 앱으로 작성하든 관계없습니다. 목록이 있으면 쇼핑의 목적을 수시로 확인할 수 있습니다. 목록을 작성하는 과정에서 니즈(필요한 것)와 원츠(원하는 것)를 구분할 수도 있습니다('니즈(needs)'와 '원츠(wants)'에 대해서는 제2장 후반부 참고).

목록 없이 쇼핑을 시작하면 설사 머릿속으로 대강 계획을 세웠다 해도 전혀 예상하지 못했던 물건에 마음을 빼앗겨 계획이 어그러지는 일이 종종 발생합니다. 목록 없이 매장을 방문하는 것은 총 없이 전쟁터에 나가는 것과 같습니다.

목록이 있으면 쇼핑의 목적을 분명히 인식하게 돼 매장 내에서도 중심이 흔들리지 않습니다. 종이에 '식빵, 우유, AA 건전지 2개'라고 쓰여 있다면 당신의 할 일은 지금 상점에 가서 그것을 사는 것뿐입니다. '다른 일은 하지 않아도 된다'라고 생각하면 여기저기 헤맬 필요가 없으므로 마음의 부담도 줄어들어 여유 있게 쇼핑할 수 있습니다.

무엇을 살지 분명해지면 다른 물건을 이것저것 뒤적이지 않고 재빨리 쇼핑을 마칠 수 있으므로 시간도 훨씬 절약됩니다.

집에 있는 물건을 중복으로 사거나 필요한 물건을 빠뜨리거나 무언가 과다하게 사는 실수도 방지할 수 있습니다. 그러니 그날은 목록에 있는 물건만 사야 합니다.

혹시 너무 갖고 싶은 것이 생겨도 일단 메모해 두었다가 집에 가서 다음번 쇼핑 목록에 추가하도록 합시다. 그렇게 하면 충동구매가 사라질 것입니다.

매장에 들어가기 전에 몇 분만 투자하여 쇼핑 목록을 작성하면 돈 낭비, 시간 낭비를 막을 수 있을 뿐만 아니라 쇼핑의 만족도도 몰라보게 높아집니다.

대책 3 – 오래 머무르지 않는다

매장에 오래 머무를수록 쓸데없는 물건을 사게 되므로 목적을 달성하자마자 매장을 떠나는 것이 좋습니다.

실제로 상품을 보고 만지다 보면 갖고 싶어지게 마련입니다. 게다가 매장 곳곳에는 미끼 상품, 화려한 홍보물, 맛있는 냄새를 풍기는 시식대 등 구매를 유도하는 장치가 즐비합니다. 시간을 보내고 싶다면 매장이 아닌 휴게실이나 근처 공원을 이용하시기 바랍니다.

또, 쇼핑 시간까지 스케줄에 미리 넣어 두면 슈퍼나 쇼핑몰에 쓸데없이 오래 머무르지 않을 수 있습니다.

대책 4 - 사기 전에 잘 생각한다

'쇼핑 목록에 없는 물건이지만 지금 보니 필요한 것 같아'라는 생각이 들 때도 있을 것입니다. 하지만 이럴 때는 신중해야 합니다. 목록을 작성할 때는 필요하지 않았던 물건이 왜 갑자기 필요해진 걸까요?

저는 무언가가 갖고 싶어질 때마다 '이거, 어제는 필요하기는커녕 존재조차 모르는 물건이었어. 그런데 왜 오늘 갑자기 필요해졌을까?'라고 자신에게 묻습니다.

대책 5 - 심신이 안정됐을 때 쇼핑한다

되도록 심신이 안정돼 있을 때 쇼핑하는 것이 좋습니다. 짜증이 많이 났거나 스트레스가 쌓였을 때, 반대로 상여금을 받아 마음이 극도로 너그러워졌을 때 등등 감정이 크게 흔들린 상태에서는 냉정한 판단을 내리기 어렵습니다.

또 배가 고플 때 장을 보러 가면 식품을 너무 많이 사게 되니 몸에 좋은 간식으로 배를 조금 채우고 집을 나서는 게 좋습니다.

온라인 상점의 경우

온라인 상점은 언제 어디서나 손쉽게 물건을 살 수 있는 편리한 곳입니다. 그러나 그만큼 쓸데없는 물건을 살 위험도 높은 곳이므로 다음 요령을 통해 충동구매를 막도록 합시다.

요령 1 – 상점의 광고 메일을 전부 차단한다

온라인 상점에서 보내는 광고 메일은 전부 차단합시다. 신제품 출시, 가격 인하 행사 등 귀가 솔깃해지는 정보가 가득한(듯 보이는) 메일 때문에 쓸데없는 물건을 사게 될 때가 많습니다. 메일을 보지 않으면 클릭도 못 하겠죠.

SNS에서 기업이나 브랜드의 계정을 팔로우했다면 그것도 모두 취소합시다. 수시로 정보를 확인하지 않으면 생활이 불가능할 만큼 중요한 곳만 남기고 나머지는 모조리 끊어 버립니다.

요령 2 – 목적 없이 인터넷 서핑을 하지 않는다

오프라인 상점을 방문하지 않으면 충동구매를 하지 않는다고 앞에서 이야기했습니다. 온라인도 마찬가지여서, 상점 사이트에 접속하지 않으면 쓸데없는 쇼핑을 하지 않습니다.

무심코 인터넷 상점을 클릭하지 않으려면 별다른 목적 없는 인터넷 서핑을 멈추어야 합니다. 스마트폰도 목적이 있을 때만 사용하도록 합시다.

요령 3 – 배송료를 절약하려고 애쓰지 않는다

일정 금액 이상을 결제하면 상품을 무료로 배송해 주는 온라인 상점이 많습니다.

그래서 배송료를 아끼려고 일부러 저렴한 물건을 찾아 한꺼번에 구매하는 사람도 있습니다. 하지만 정말로 필요해서 산 것이 아니라 배송료를 아끼기 위해 산 물건이다 보니 결국은 제대로 활용되지 못하고 사장될 가능성이 높습니다.

혹시 당신도 배송료를 아끼겠다고 지금 꼭 필요하지도 않고 앞으로 필요해질 거라고 장담할 수 없는 물건을 장바구니에 담지 않습니까?

온라인에서 쇼핑을 하면 당연히 배송료를 낸다고 생각하는 것이 좋습니다. 실제로 누군가가 당신을 대신하여 물건을 집으로 가져다주기 때문입니다.

당신이 산 물건을 업체 직원이 창고에서 꺼내 포장하고 트럭 기사가 운반하고 택배 사원이 집 앞까지 배달합니다. 이 과정에 운송료와 인건비가 들 테니 당연히 배송료를 내야 합니다. 게다가 일본의 택배는 굉장히 빠른 편입니다.

필요한 것을 필요할 때 필요한 만큼만 산다는 원칙을 항상 기억하시기 바랍니다.

요령 4 – 상점에 접속하기 전에 쇼핑 목록을 준비한다

오프라인 상점에서와 마찬가지로 온라인 상점에서도 쇼핑 목록을 미리 준비하는 것이 좋습니다. 위시리스트에 다 넣어 두었으니 따로 목록을 만들지 않아도 된다고 생각할지 모르지만 위시리스트에 들어 있는 상품은 갖고 싶은 물건 또는 돈이 생기면 사고 싶은 물건일 뿐, 정말로 필요한 물건이 아닙니다.

요령 5 – 무엇을 살지 결정하자마자 결제한다

역시나 오프라인 상점에서처럼 살 것을 장바구니에 넣자마자 결제를 완료하고 창을 닫습니다. 이것저것 구경하다 보면 갖고 싶어지기 마련이니까요.

요령 6 – 검색과 쇼핑을 분리한다

상품을 검색하고 선택하는 과정과 쇼핑하는 과정을 분리할 필요가 있습니다.

인터넷에 너무 많은 정보가 떠다니는 탓에 오랫동안 검색하고 비교하느라 지레 지쳐 버리는 경우가 있습니다. 그런 상태에서 쇼핑하면 판단력이 둔해져 필요 없는 상품을 사기 쉽습니다.

선택지를 압축하거나 가격을 비교하거나 사용 후기를 조사하는 일에는 따로 시간을 할애하는 게 좋습니다. 조사를 통해 살 것을 정했다면 쇼핑 목록에 적어 둡니다.

요령 7 – 추천 상품은 무시한다

대부분의 대형 인터넷 상점들은 상품 페이지 내에 '이 상품을 산 고객은 이것도 샀습니다'라든지 '이 상품을 이것과 함께 사면 더 좋습니다'라며 추천 상품 목록을 띄워 줍니다.

그중에는 한꺼번에 사서 쓰면 편리할 듯한 물건도 있지만, 어쨌든 쇼핑 목록에 없었던 물건인 것은 마찬가지입니다. 전부 무시하고 넘어갑시다.

요령 8 – 쇼핑을 귀찮게 만든다

충동구매를 줄이고 싶다면 쇼핑을 최대한 귀찮게 만들어야 합니다.

판매자는 소비자가 편하게 쇼핑할 수 있도록 이런저런 서비스를 제공하지만 소비자는 그것 때문에 쓸데없는 물건을 자꾸 사게 됩니다.

쇼핑을 귀찮게 만드는 방법

- 온라인 상점에 신용카드 정보를 등록하지 않는다(그때그 때 입력할 것).

- 상점 전용 앱을 쓰지 않는다.

- 정기 구매를 이용하지 않는다.

- 상점 사이트를 즐겨찾기에 추가하지 않는다(그때그때 검색 해서 접속할 것).

요령 9 – 가격을 올려서 생각하는 습관을 들인다

가격이 2만 7,800원이라면 3만 원이라고 생각하는 게 좋습니다. '2만 7,000원'을 '2만원대'라고 깎아 생각하면 안 됩니다.

모든 가격을 이렇게 올려서 생각하다 보면 그게 습관이 될 것입니다. '2만 4,900원'짜리 물건을 보자마자 '2만 5,000원'이나 '3만 원'이라고 받아들이게 되는 것입니다.

물건에 990원, 980원, 790원 등 어중간한 가격을 붙이는 상점이 많습니다. 그래야 가격이 싸게 느껴져 소비자가 쉽게 구입하기 때문입니다.

가격이 이렇게 어중간하면 데이터 입력이나 상품 관리에 더 많은 수고가 들겠지만 그 수고를 보상하고도 남을 만큼 매출이 올라가는 것입니다.

가격이 3만 3,000원이나 4만 4,000원 등으로 깔끔하게 떨어지는 상품도 있긴 한데, 잘 보면 그것들은 대개 1+1 패키지 또는 세트로 판매되는 경우입니다.

제가 자주 이용하는 유기농 식품점도, 모든 상품에 12달러 99센트라든지 6달러 57센트 같은 복잡한 가격이 붙어 있습니다. 그래서 가계부에 기록할 때는 전부 조금씩 올려서 13달러, 7달러라고 적고 합계만 실제 금액으로 산출합니다. 대략적인 금액만 알면 되는 사람은 합계까지 올린 금액으로 산출해도 괜찮습니다.

요령 10 – 상술에 넘어가지 않는다

인터넷 상점에 들어가면 온갖 화려한 사진과 글자가 우리를 현혹합니다. 그러므로 구매를 유도하는 이런 표시들을 냉정하게 볼 필요가 있습니다.

특히 빨갛고 커다란 글씨체로 '배송료 무료!!', '오늘 하루만 40퍼센트 반짝 세일'이라고 써 놓으면 거기에 눈길이 갈 수밖에 없습니다. 그리고 '오늘 하루만'이라는 말에 혹해서 '이 기회를 놓치면 안 돼. 지금 사야 해'라는 기분에 사로잡히고 마는 것입니다.

그러나 실제로는 내일도 모레도 '반짝 40퍼센트 세일' 상품이 속속 진열될 것입니다. 정말로 오늘이 지나면 사라지는 것은 지금 당신이 쓰는 시간뿐입니다. 무엇이 더 소중한지는 말할 것도 없겠지요?

오프라인이든 온라인이든 관계없이, 쇼핑하는 목적을 계속 의식해야 쓸데없는 물건을 사지 않을 수 있습니다.

4 행사가, 할인가에 불나방처럼 달려드는 심리

우리가 쓸데없는 물건에 돈을 가장 낭비하게 되는 때는 상품 가격이 저렴해졌을 때가 아닐까요? 쇼핑 습관을 바꾸려할 때 가장 주의해야 할 것이 이 할인 행사입니다.

할인 행사를 잘 넘겨야만 쇼핑 실패를 줄일 수 있습니다.

그런데 우리가 할인 행사에서 쓸데없는 물건을 자꾸 사는이유는 무엇일까요? 여기에 여섯 가지 이유를 꼽아 보았습니다.

이유 1 - 할인할 때 사는 게 이득이니까

'가격이 내렸을 때 물건을 사는 것이 이득이다.'

평소에 이렇게 생각하는 사람일수록 할인 행사에 휘말리기 쉽습니다.

가격이 비싼 물건일수록 가치가 높다고 생각하는 사람 역시, 원래보다 저렴해진 가격을 보는 순간 '비싼 물건을 싸게 살 수 있다'라는 착각에 빠지기 쉽습니다.

'어제까지 20만 원에 팔렸던 재킷이 오늘은 10만 원이네. 100퍼센트의 가치를 50퍼센트의 가격으로 살 수 있으니 큰 이득이다'라고 생각하게 되는 것입니다. 그러나 물건의 가치는 가격에 전적으로 달려 있지 않습니다. 물론 가격이 비쌀수록 품질이 좋은 경향이 있긴 합니다. 하지만 아무리 좋은 물건이라도 사 놓고 쓰지 않는다면 아무 소용이 없지 않습니까?

쓰지 않는 물건의 가치는 '0'입니다. 아니, 마이너스일지도 모릅니다. 나중에 결국 짐이 돼 처분하느라 골머리를 썩고 비용을 지불해야 한다면, 심지어 '쓰지도 않을 물건을 내가 또 샀구나'라는 후회 때문에 자존감이 떨어진다면 그 물건의 가치는 틀림없이 마이너스입니다.

물건은 써야 비로소 가치가 생깁니다. 그러므로 할인 행사에서 비싼 물건을 저렴하게 사는 것이 반드시 이득은 아닙니다.

이유 2 - 기회를 놓치기 싫어서

재고 처분 행사나 소량 재고 한정 판매라는 문구에 혹해서 물건을 사는 사람은 '지금 망설이느라 구매 기회를 놓쳤다가 나중에 사려 할 때는 품절돼 못 사게 되면 어떡하지?'라는 두려움에 지배당하는 상태입니다. 그래서 결국 '이런 가격에 이 상품을 살 기회를 놓치면 안 된다'라며 냉큼 계산대로 향합니다.

이들은 필요한 물건을 돈과 교환하여 자기 것으로 만드는 쇼핑 행위보다 좋은 기회를 놓칠지 모른다는 두려움에 집중하는 경향이 있습니다. 하지만 그 기회란 자신이 머릿속에서 멋대로 만들어낸 가짜 기회일 뿐입니다.

잘 살펴보면 일본의 브랜드들은 매달 다양한 행사를 진행하고 있습니다. 특히 의류 브랜드는 12월, 1월, 6월쯤에 어김없이 할인 행사를 하고 나머지 달에도 재고 떨이 행사나 잔여 상품 염가 판매 행사를 실시합니다. 심지어 고객을 끌어들이기 위해 처음부터 행사 전용으로 준비한 상품을 판매하기도 합니다.

즉, 이번 기회를 놓쳐도 얼마든지 다음 기회를 잡을 수 있다는 뜻입니다. 혹시 할인 행사 때 사들인 옷이 이미 옷장에 가득하지 않은가요? 그렇다면 당신이 절호의 기회라고 느껴 초조해지는 그 행사 역시, 수시로 찾아오는 평범한 행사일 가능성이 높습니다.

이유 3 – 남에게 뺏기기 싫어서

특가 상품을 쟁취하는 것, 행사장에서 제일 괜찮은 상품을 남보다 먼저 사는 것에 집착하는 사람도 할인 상품을 쓸데 없이 많이 살 위험이 있습니다.

대규모 행사 매장에서는 손님들이 서로 물건을 빼앗는 광 경을 종종 볼 수 있습니다. '가장 저렴한 상품을 다른 누구도 아닌 내가 가져가겠다'라며 경쟁심을 불태우는 사람이 많기 때문입니다.

행사 매장에서 남을 제치는 데 열을 내는 사람은 틀림없이 '부족한 마인드'의 소유자입니다. 부족한 마인드가 너무 강 한 사람은 물건을 아무리 사들이고 특가 상품을 아무리 쟁 취해도 마음이 채워지지 않습니다.

행사 매장에서 쟁취한 상품을 상장인 양 자랑하는 사람(오프 라인, 온라인을 가리지 않고) 역시 부족한 마인드에 휘둘리고 있을 가 능성이 큽니다. 저렴한 상품을 획득했다고 자랑하는 것보다 구매한 물건을 제대로 활용하는 것이 몇 배 더 중요합니다.

이유 4 - 가장 싼 물건을 쟁취하고 싶어서

필요한 물건이 있어서 쇼핑을 시작했다가도 금세 저렴한 물건에 눈길을 빼앗기는 사람이 있습니다. 그런 사람에게는 가격 인하 폭이 큰 물건일수록 매력적으로 보이기 마련입니다.

가격이 대폭 인하된 상품을 쟁취하느라 정말로 필요한 물건이나 갖고 싶었던 물건을 못 사게 되는 경우도 있습니다. 물건을 고르는 기준이 최저가, 최대 인하율이 돼 버린 탓입니다.

물론 저 역시 여러 상품 중에서 가장 싼 물건을 선택할 때가 있습니다. 그러나 그것은 다른 조건이 거의 비슷할 경우에만 해당되는 이야기입니다. '필요한 물건을 산다'라는 원칙은 여전합니다.

행사 매장에서는 모든 상품의 가격이 상당히 인하돼 있으므로 무엇을 얼마나 사든 자신의 알뜰한 소비에 도움이 될 것이라고 착각하게 됩니다.

절약에 너무 매달린 나머지 사고 싶은 물건을 사지 못하는 스트레스가 많은 사람일 경우 이런 계기를 만났을 때 폭주하기 쉽습니다. '평소에 그렇게 열심히 절약했으니 가끔은 사고 싶은 걸 사도 되잖아. 게다가 이렇게 저렴한데 안 사면 엄청

손해야!'라고 말입니다.

할인 행사는 평소에 갖고 싶었던 물건이나 필요했던 물건을 사는 기회로만 활용하는 것이 좋습니다. 그런 곳에서야말로 돈을 최대한 적게 쓰는 것보다 필요한 물건을 마련하기 위해 돈을 제대로 쓰는 것에 집중해야 실패가 적습니다.

이유 5 – 모처럼 왔는데 사지 않으면 손해라서

일부러 찾아왔는데 아무것도 못 사고 가면 어쩐지 손해 보는 기분이 든다는 사람도 있습니다. 그래서 결국은 필요하지도 않은 상품을 꾸역꾸역 사서 돌아갑니다. 저도 젊을 때는 백화점이나 도큐핸즈 같은 곳에서 할인 상품을 모아 놓은 수레를 마주칠 때마다, 마음에 드는 것을 찾으려고 가방과 파우치 더미를 하염없이 파헤치고는 했습니다. 모처럼 할인 상품 수레를 만났는데 아무것도 안 사면 손해라고 막연히 생각했기 때문입니다.

'여기까지 오느라 들인 시간과 노력, 비용을 낭비하고 싶지 않아. 그걸 상쇄할 무언가를 찾아내야 해!'라면서 말입니다.

우연히 할인 상품을 발견했을 뿐인데 왜 사지 않으면 손해라고 느꼈을까요?

할인 상품은 무조건 이득이라는 근거 없는 신념 때문입니다. 그 때문에 가격이 내렸으니 안 사면 손해, 일부러 왔는데 안 사면 손해라고 생각했던 것입니다. 인간이라면 누구나 손해에 민감한 법이지만 저는 부족한 마인드의 소유자여서 손해를 꺼리는 심리가 남들보다 훨씬 강했습니다.

예전의 저처럼 손해 보기 싫다, 본전을 찾고 싶다라는 심리에 휘둘리는 사람일수록 할인 행사에서 쓸데없는 물건을 사기 쉽습니다. 세상에는 이렇게 본전을 찾으려고 발버둥 치다가 오히려 손해를 보는 사람이 아주 많습니다. 그렇게 들인 상품이 한번도 제대로 쓰이지 못하고 벽장 속에 처박혀 있다가 결국 보관비, 관리비만 잡아먹는 일도 흔합니다.

행사 매장이든 정상 매장이든 온라인 상점이든, 필요한 물건이 없으면 빈손으로 나와도 괜찮습니다. '아이쇼핑을 잠시 즐겼다', '시장조사를 했다'라고 생각하면 그만입니다.

지금 필요하지도 않은 물건을 억지로 사면 짐만 늘어날 것이 뻔합니다. 심지어 그런 물건이 점점 쌓이면 집까지 좁아질 것입니다.

이유 6 – 다른 사람도 사니까

사지 않는 도전을 성공시키는 방법을 소개하면서 잠시 언급한 것처럼, 사람은 타인의 행동에 큰 영향을 받습니다. 그런데 행사 매장에서는 모든 사람이 구매 의욕에 불타올라 상품을 고르고 신나게 계산합니다. 이런 분위기에 휩쓸리면 쇼핑에 가속도가 붙습니다. 이것은 오프라인 상점만의 이야기가 아닙니다. 요즘은 홈쇼핑이나 인터넷 상점에서도 '이제 겨우 O개 남았습니다', '지금 OO가 다 팔렸습니다'라며 실시간으로 재고 상황과 주문 상황을 알려 줍니다. '이 상품을 산 고객님들은 이것도 샀습니다'라며 다른 상품을 추천하기도 합니다.

남이 어떻게 쇼핑하는지 알려 주면 상품이 더 잘 팔리기 때문일 것입니다. 인기 상품 랭킹을 보여 주는 것도 같은 까닭입니다.

사람들은 이런 정보를 접하면 경쟁의식을 느낍니다. 그래서 '나만 이 물건을 보고 있는 게 아니구나. 지기 싫으니 내가 먼저 사야겠어. 빨리 안 사면 다 팔릴 거야'라며 서둘러 지갑을 엽니다.

할인 행사 때 물건을 사는 것이 잘못되었다는 말은 결코 아닙니다. 그런 기회를 현명하게 이용하는 사람도 많을 것입니다. 다만 물건이 필요할 때 정가로 즉시 사는 것이 결국은 시간과 돈을 아끼는 길이라고 말하고 싶습니다.

지금까지 제가 쓰지도 못하고 버렸던 수많은 물건 중 대부분이 싸다는 이유만으로 충동적으로 구입했던 할인 상품이었습니다.

5   목적의식을 갖고
쇼핑한다

충동구매를 막고 할인 행사에 휘둘리지 않으려면 항상 쇼핑의 목적을 의식해야 합니다. 아무 생각 없이 욕망에 쫓겨 물건을 사들이지 않기 위해 일상생활에서 주의할 점을 소개하겠습니다.

일상생활에서 주의할 점 다섯 가지

1. 수입과 지출을 파악한다

수지를 파악하여 계획적으로 돈을 쓰는 것이 무엇보다 중요합니다. 내 월별 수입은 얼마고 그중 얼마가 무엇에 쓰이고 있는지 대략적으로라도 파악하고 있어야 합니다.

저는 숫자를 싫어해서 오랫동안 돈 관리를 하지 않았고 지금도 세세한 숫자까지 챙겨 가며 절약하지는 못합니다. 그래도 제 나름대로 매일의 수입과 지출을 꼼꼼하게 기록했더니 저축액이 조금씩 늘어나기 시작했습니다.

지금까지 돈 흐름에 둔감했던 사람은 몇 달간 수입과 지출을 기록하기만 해도 자신의 재정적 상황을 의식하며 살게 될 것입니다.

자신이 돈을 어디에 얼마만큼 쓰는지 파악하려면 반드시 기록이 필요합니다. 노트든 스마트폰 앱이든 좋으니 편한 방법으로 기록해 보시기 바랍니다.

2. 돈 쓰는 곳을 압축한다

쇼핑의 만족도를 높이려면 자신이 가장 소중히 여기는 것과 돈이라는 귀중한 자산을 접목시켜야 합니다.

제2장에서 말했듯이, 자신에게 소중한 것이 무엇이고 이상적인 생활이란 어떤 생활인지 생각해 보고 그 이상을 이루는 데 도움이 되는 방향으로 돈을 쓰라는 것입니다.

우연히 발견한 귀여운 잡화를 충동적으로 사는 것도 나쁘지 않습니다. 하지만 그런 기쁨은 오래가지 않습니다. 장기적인 관점에서 돈을 어디에 써야 할지 잘 생각해 봅시다.

3. 건강한 생활을 지향한다

쇼핑은 컨디션이 양호하고 심리적으로도 안정돼 있을 때 하는 것이 좋습니다.

지쳐 있을 때, 스트레스를 느낄 때, 이런저런 이유로 에너지가 바닥나 있을 때, 감정이 크게 흔들릴 때는 쇼핑에 실패하기 쉽습니다. 마음에 여유가 없어서 판단력이 둔해지는데다 부정적인 감정과 스트레스를 해소하려고 쓸데없는 물건을 사게 되기 때문입니다.

생활이 어지러우면 돈 흐름도 어지러워집니다. 그러니 생활을 깔끔하게 정돈하고 건강하게 살려고 노력해야 합니다. 지극히 당연한 이야기겠지요.

잠을 푹 자고 때때로 충분히 휴식하며 몸에 좋은 음식을 먹읍시다. 불쾌한 일이 있어도 어두운 기분을 오래 끌지 말고(자신의 기분을 글로 표현해 보면 도움이 됩니다) 정기적으로 운동하며 아무리 바빠도 좋아하는 일을 통해 재충전하는 시간을 가집시다.

현대인은 모두가 바쁘게 사는 것 같습니다. 하지만 스케줄을 너무 꽉꽉 채우지 않고 여유 있게 지내야 쇼핑에도 실패하지 않습니다.

4. 사기 전에 잠시 생각한다

충동구매를 방지하는 방법을 설명할 때 언급했듯이 쇼핑일기, 30일 기다리기 노트, 쇼핑 목록 등을 활용해 물건을 사기 전에 잠시 생각하는 습관을 들입시다.

'갖고 싶다'와 '산다' 사이에 '생각하기'라는 단계를 하나 더 추가해야 합니다. 무언가 사기 전에 항상 '정말 필요한가?', '오늘 꼭 사야 하는가?', '안 사도 되는 것은 아닐까?'라고 생각하는 습관을 들이면 낭비가 확 줄어들 것입니다.

5. 신용카드를 과도하게 쓰지 않는다

신용카드는 굉장히 편리한 만큼 남용될 위험이 크므로 특별히 조심해야 합니다.

현금으로 쇼핑을 할 경우, 가진 돈을 다 쓰면 쇼핑도 끝날 수밖에 없습니다. 하지만 신용카드는 그 불가능을 가능으로 바꾸는 마법의 지팡이입니다. 그렇기에 카드를 별생각 없이 쓰다 보면 돈에 대한 감각이 마비될 것입니다.

저의 경우, 코로나 사태 이전에는 식품과 일용품을 현금으로 구입했습니다. 그 덕분에 돈이 줄어드는 고통을 생생하게 느끼면서 돈이 있는지 없는지를 실시간으로 확인하게 되었고 쓸데없는 소비를 최대한 줄일 수 있었습니다.

하지만 유감스럽게도 이 글을 쓰는 지금은 저 역시 대부분의 쇼핑에 카드를 쓰고 있습니다. 단, 쓸 때마다 노트에 지불 금액을 기록하고 잔고 금액을 업데이트합니다. 이렇게 하면 카드 남용을 방지하는 동시에 카드 값이 빠져나간 통장 잔고를 보고 충격을 받는 사태도 피할 수 있습니다.

오프라인에서는 현금, 온라인에서는 카드를 쓰는 식으로 카드와 현금을 나눠 쓰는 사람도 있습니다. 이런 경우는 카드를 쓴 뒤에 지갑에서 그만큼의 금액을 꺼내서 다른 곳에 보관하는 식으로 잔고를 관리해도 좋을 것입니다.

6   니즈와 원츠를
구분한다

저는 돈 관리를 처음 시작했을 때, 니즈(needs: 필요한 것)와 원츠(wants: 갖고 싶은 것)를 구분하는 작업부터 했습니다. 이 둘을 명확히 구분해서, 가진 돈은 되도록 니즈를 해결하는 데 쓰고 원츠에는 최소한의 돈만 들이는 것이 중요합니다.

니즈와 원츠를 확실히 나누어 쇼핑하면 낭비가 확 줄어듭니다. 제가 활용하는 구분법을 여기서 자세히 알려드리겠습니다. 쓰지 않는 물건을 미리 처분하고 심신과 주변을 잘 정리해 두면 이 작업이 한결 쉬워질 것입니다.

니즈와 원츠를 구분하기 위해 일단 돈이 쓰이는 곳을 다음

세 가지로 나눕니다.

1. 살기 위해 꼭 필요한 것(니즈)

2. 생활하기 위해 갖고 있어야 할 것(니즈와 원츠의 중간)

3. 갖고 싶은 것(원츠)

사실 니즈인지 원츠인지 구분하기 어려운 물건이 많습니다. 살기 위해 꼭 필요하지는 않지만 없으면 생활이 현저히 불편해지는 품목, 예를 들어 세탁기 같은 것들 말입니다.

그래서 '2. 생활을 위해 갖고 있어야 할 물건 및 서비스'라는 항목을 새로 만들었습니다.

저는 돈을 1과 2에 거의 다 쓰고 즐거움을 주는 3에는 아주 조금만 씁니다. 살아가는 데 필요한 것은 필요한 만큼 사서 쓰는 반면 단순히 갖고 싶은 것에는 돈을 거의 쓰지 않는 것입니다.

실제로는 생각처럼 명확하게 구분되지 않아서 원츠에도 돈을 쓰게 되지만 니즈와 원츠를 따로 떼어 생각하는 것과 뭉뚱그려 생각하는 것 사이에는 큰 차이가 있습니다.

사람이 생활하는 데 필요한 물건은 그리 많지 않습니다.

하지만 갖고 싶은 물건은 무한합니다. 그래서 돈이 아무리 많은 사람도 갖고 싶은 것을 전부 살 수 없습니다.

저의 경우, 매월 실제로 돈을 내고 구매하는 서비스나 이미 갖고 있는 물건들을 '필요한 것', '갖고 있어야 하는 것', '갖고 싶은 것'으로 분류했더니 이렇게 되었습니다.

현재 돈을 내고 이용하는 서비스, 이미 갖고 있는 물건

살기 위해 꼭 필요한 것(니즈)

- 기거할 곳(내 물건을 두고 매일 자고 일어나는 곳, 씻을 곳 포함)
- 음식, 물, 난방
- 최소한의 의류, 신발 등
- 직업
- 건강보험, 사회보험 등
- 최소한의 식기
- 최소한의 침구
- 볼펜 하나, 노트 또는 메모장
- 노안 안경
- 필요한 물건을 보관할 최소한의 가구 및 용기

- 소지품 및 개인위생 관리에 필요한 물건(치아 관리 용품 등)

생활하기 위해 갖고 있어야 할 것(니즈와 원츠의 중간)

- PC(업무용)

- 스마트폰(없어도 살 수 있지만 매우 불편함), 인터넷

- 프린터(업무용)

- 탁상 스탠드(취침용)

- 일에 필요한 서류와 책

- 프랑스어 사전과 책(풍요한 인생을 위한 취미 용품)

- 색칠 공부 책과 그림 도구(이것도 취미 용품)

- 은행 통장, 신용카드, 여권

- 탁상시계

- 스마트워치(건강관리용, 활동량 및 걸음 수 측정)

- 에센셜 오일(건강관리용)

- 가방, 지갑, 조깅화

갖고 싶은 것(원츠)

- 위에 나온 것 외에 내가 가진 물건 전부

이런 식으로 자신만의 목록을 정리하다 보면 더욱더 목적

을 의식하며 쇼핑하게 됩니다.

갖고 싶은 것이 생기더라도 곧바로 사지 말고 '이건 니즈인가? 원츠인가?'라고 자문하는 습관을 들입시다. 물론 원츠라고 해도 절대 사지 말아야 하는 것은 아닙니다. 그것이 니즈인지 원츠인지 생각해 보는 것 자체가 중요합니다.

꼭 필요한 것은 누구에게나 거의 비슷하지 않을까요? 지병이 있는 사람은 약이 필요할 것이고 눈이 나쁜 사람은 안경이 필요하겠지만 기본적으로 필요한 것은 비슷하리라 생각합니다.

그러나 생활을 위해 갖고 있어야 할 것은 사람마다 다를 것입니다. 예를 들어 대중교통이 갖춰지지 않은 지역에 사는 사람이라면 자동차가 필요하겠지요.

니즈와 원츠를 부지런히 업데이트한다

니즈와 원츠의 목록은 수시로 업데이트해야 합니다. 이전에 필요했던 것이 앞으로도 계속 필요하다는 법은 없으니까요.

예를 들어 잠잘 곳은 누구에게나 필요합니다. 하지만 그 장소가 반드시 지금 사는 집이어야 하는 것은 아닙니다. 필요 이상으로 넓은 집이라면 필요한 것이 아니라 갖고 싶은 것에 가까울 것입니다.

쓰지 않는 물건을 수납하는 창고로 변해 버린 집 역시 필요한 것이 아닙니다. 필요 없는 물건을 두기 위한 공간이니 역시 필요 없는 물건일 뿐입니다.

생활을 위해 갖고 있어야 하는 것의 목록은 꼭 필요한 것의 목록보다 수정의 여지가 더 많습니다. 전부터 계속 자동차를 타고 다닌 사람이라도 냉정하게 생각해 보면 자전거만 있어도 충분하다는 결론이 나올지도 모릅니다.

이처럼 필요한 것, 갖고 있어야 하는 것의 목록을 객관적으로 검토해 정확도를 조금씩 높여 나갑시다. 그러면 쇼핑 만족도가 훨씬 높아질 것입니다.

그러나 필요한 것과 갖고 싶은 것을 뚜렷이 나누기란 그리 쉽지 않습니다. 특히 갖고 있어야 할 것에서 고민이 많아질 것입니다.

여기에 정답은 없습니다. 이 작업의 최종 목적은 니즈와 원츠를 구분하는 것 자체가 아니라 더욱 이성적이며 필요에 충실한 쇼핑을 실현하는 것이기 때문입니다.

어쨌든, 니즈와 원츠를 구분하면 돈을 더욱 효율적으로 사용할 수 있게 되고 잡동사니도 더는 늘어나지 않을 것입니다. 그야말로 일석이조의 효과가 있는 셈입니다.

3장

물건 정리, '사지 않는 생활'의 시작

1 버리기의 이점

제3장에서 충동구매를 막기 위해 소지품 목록을 만들어 보라고 말씀드렸지요? 이왕 하는 김에 쓰지 않는 물건과 필요 없는 물건까지 싹 처분하면 이후로는 낭비가 확 줄어들 것입니다.

쓸데없는 물건을 샀음을 알게 된다

정리하다 보면 제대로 쓰지 못한 물건이 많다는 것을 알게 됩니다. 처음에 몇 번 쓰고 넣어 둔 물건도 많고 사 놓고 손도 대지 않은 물건도 있을 것입니다.

쓸 것으로 생각하고 샀지만 실제로는 못 쓴 물건이 적지 않은 것을 눈으로 확인하면 누구든 자신의 쇼핑 실패를 인정할 수밖에 없습니다.

그런 물건이 대량으로 나오면 '이제 쇼핑할 때 조심해야겠다'라는 생각이 저절로 듭니다. 이렇게 많은 물건을 버릴 때마다 쓰레기가 늘어나서 환경에도 나쁜 영향을 미칠 것입니다.

생각 없이 물건을 사지 않게 된다

물건을 버리고 나면 마음이 가볍고 산뜻해진다고 하지만, 실제로 정리하는 과정은 상당히 괴롭습니다.

PC나 스마트폰이 낡아서 새로운 것을 샀는데도 낡은 것을 버리지 못하는 사람이 많습니다. 물어보면 '새것이 고장 났을 때 쓰려고' 또는 '갖고 있으면 무언가 쓸모가 있을 것 같아서'라는 이유를 댑니다.

하지만 그것은 핑계일 뿐입니다. 사실 버리기가 힘들고 버리는 방법을 알아보기도 귀찮고 그냥 갖고 있는 게 훨씬 편하기 때문에 못 버리는 것입니다.

이런 심리적 장애를 극복하고 시간과 노력을 들여 가며 쓰지 않는 물건을 몇 번 버리고 나면 '이럴 바에야 애초에 사기 전에 잘 생각해야겠다'라는 생각이 들 것입니다.

자신의 취향을 알게 된다

의류와 화장품을 정리할 때는 어떤 것을 남기고 어떤 것을 버릴지 결정해야 합니다. 그 과정에서 자신의 취향을 파악하게 됩니다.

'이런 종류는 결국 안 쓰게 되는구나', '이 색을 좋아하지만 실제로는 안 입는구나. 다른 아이템이랑 코디하기도 힘들고'. 이런 깨달음을 여러 번 거치면 이제 상점에서 비슷한 상품이 눈에 들어와도 '예쁘긴 하지만 아마 안 입게 될 거야. 안 쓰게 될 거야'라며 구매를 단념하게 됩니다.

서랍이나 옷장에 자주 입는 옷과 거의 입지 않는 옷이 한데 꽉 들어차 있으면 '모두 다 내가 좋아하고 나한테 필요한 옷이다'라고 생각하기 쉽습니다.

전부 다 자신의 취향에 맞는 소중한 옷처럼 느껴지겠지만 그것은 착각입니다.

어떤 물건이든 오래 갖고 있으면 애착이 생겨서 버리기 어려워집니다. 게다가 인간에게는 '소유 효과'라는 것이 있습니다. 일단 무언가를 소유하면 그것을 실제보다 더 가치 있게 생각하는 심리적 경향이죠.

하지만 한번 물건을 정리해 보면 자신이 좋아하는 것과 싫어하는 것, 필요한 것과 필요하지 않은 것이 나뉜다는 사실을 깨달을 것입니다.

적정량을 알게 된다

옷을 정리하다 보면 똑같은 옷이 많아서 놀라게 됩니다. 비슷한 검은색 셔츠가 여러 개 발견되거나 비슷한 치마가 몇 개씩 나오기도 합니다. 비슷한 신발이나 가방도 많을 것입니다.

그럴 경우 하나만 쓰고 나머지는 잘 쓰지 않게 됩니다. 이런 식으로 잠들어 있었던 물건이 많다는 것을 알아채면 '이렇게 많이 필요 없었는데', '한두 개만 있었으면 됐는데'라는 생각이 들게 마련입니다.

만약 적정량을 모르겠다면 있는 것을 끝까지 쓰는 데 도전해 보시기 바랍니다.

실제로 해 보면 아마 쉽지 않을 것입니다.

예전에 추첨 행사에 응모해서 화장품 샘플을 대량으로 받은 적이 있습니다. 버리기 아까워서 전부 쓰기로 했습니다. 얼굴에만 바르면 쓰는 사이에 사용 기한이 지날 것 같아서 손발에도 바르고 몸에도 매일 발랐습니다. 그래도 좀처럼 줄지 않아 정말 힘들었습니다.

결국은 '내가 바보였어, 왜 이렇게 많이 받았을까?'라고 후회했습니다.

쇼핑 경향을 알 수 있다

필요 없는 물건을 자주 정리하다 보면 자신의 쇼핑 습관과 경향이 보입니다.

입지 않은 옷이나 쓰지 않은 잡화는 거의 다 할인 행사에서 산 물건일 것입니다. 오로지 배송료를 아끼기 위해 장바구니에 넣은 잡화도 있을지 모릅니다.

하나하나 펼쳐보면서 '이런 쇼핑 습관 때문에 물건이 점점 늘어났구나'라고 깨닫게 되면 앞으로 쇼핑 방식이 달라질 것입니다.

저는 특히 복주머니 사는 걸 좋아했는데 물건을 처분할 때 제일 많이 버렸던 게 복주머니 안에 들어 있었던 스웨터나 지갑, 가방 등이었습니다. 상품 자체가 취향에 맞지 않기도 했지만 대개의 경우 이미 있는 것과 비슷한 물건이어서 거의 쓰지 않았기 때문입니다.

소유욕이 없어진다

잠자던 물건들을 버린 후 선반과 벽장이 산뜻해지면 마음까지 가벼워집니다. 물건을 사고 관리하는 데 쓰였던 시간과 에너지가 남아도니 마음의 여유도 생깁니다. 그러면 쇼핑 욕구도 줄어듭니다.

앞에 말했듯이 쇼핑은 대개 감정적인 니즈를 해결하려는 행위입니다. 그래서 생활이 단순해지면 내면이 정리되고 마음이 풍요해집니다. 좋아하는 것을 즐길 수 있게 되면 이것저것 갖고 싶다는 마음이 들지 않습니다(정말입니다).

물건을 버리면서 자기 자신을 진지하게 들여다보고 진짜 하고 싶은 일을 찾아서 하는 사람은 생활에 대한 만족도가 매우 높습니다. 물건에 휘둘리지 않고 주체적으로 물건을 활용하게 되면 자신감이 생기므로 외부의 자극에 혹해서 필요 없는 물건을 사는 일도 없어집니다. 충동적으로 물건을 사며 순간적인 만족을 추구하던 생활에서 확실히 졸업할 수 있는 것입니다.

2 　‘버리기’는 절약이다

‘쓰지 않는 물건이라도 버리기는 아깝다. 돈 주고 산 물건을 버리는 건 돈을 쓰레기통에 버리는 것과 같다. 미니멀리즘은 부자의 사치스러운 취미일 뿐이다.’

이렇게 생각할 수도 있지만 필요 없는 물건을 버리고 새 생활을 시작하면 오히려 돈을 아낄 수 있습니다.

앞에서도 말했지만 물건을 버리고 단순하게 살면 낭비나 충동구매가 사라져서 전보다 돈을 훨씬 적게 쓰게 됩니다.

하지만 물건을 버리면 절약에 도움이 되는 이유는 그 외에도 많습니다. 자세히 알아보겠습니다.

물건 관리에 썼던 자원을 다른 데 쓸 수 있다

쓰지 않는 물건을 버리면 물건 관리에 쓰였던 자원(시간, 체력, 정신 에너지, 공간 등)이 남게 됩니다. 이 자원을 다른 활동에 써서 소득을 늘릴 수 있습니다.

물건이 쌓여 있을 때는 잘 모르지만 물건을 소유하면 아무래도 관리에 시간과 돈이 들어갑니다. 몇 번 입지도 않은 옷을 해마다 세탁하거나 물건을 보관하기 위한 또 다른 물건(수납 가구나 수납 용품)을 마련해야 할 때도 있습니다.

물건을 보관하는 공간에도 돈이 들어갑니다. 장소를 빌려 쓰려면 달마다 임대료를 지불하지 않습니까? 집에 쌓인 물건도 일정한 공간을 차지하고 있으니 쓰지도 않을 물건을 보관하느라 그 면적만큼의 대출금, 임대료, 재산세 등을 계속 지불하는 셈입니다.

심지어 수납 노하우 책을 사서 읽거나 수납 기술을 배우는데 돈과 시간을 쓰는 사람도 적지 않습니다. 물건을 줄이면 이런 성가신 일에 쓰던 자원을 다른 일로 돌릴 수 있습니다.

새로 생긴 시간과 체력으로 부업이나 아르바이트를 해서

수입을 늘릴 수도 있습니다. 물건이 있었던 공간이 비게 되므로 지금보다 작은 집으로 이사할 수도 있습니다. 그러면 집세도 광열비도 줄어드니 생활비가 더 적게 들 것입니다.

저도 그렇게 6년 전에 이사를 했습니다. 면적을 확 줄였더니 더 편리한 위치로 옮겼는데도 임대료와 광열비가 저렴해졌습니다.

시간과 마음에 여유가 생기면 돈 관리에도 더 신중해집니다. 직접 요리할 시간적 여유가 생기면 외식이나 음식 배달에도 돈을 쓰지 않게 됩니다.

어쩌면 이런 행운도

정리하다가 우연히 물건 속에 들어 있던 돈이나 상품권 등을 발견하면 그것이 그대로 추가 수입이 됩니다.

그건 그야말로 요행이라고 생각할지 모르지만 사실은 쓰지 않는 물건을 버리려다 현금이나 상품권을 발견하는 일이 생각보다 흔합니다.

2018년 여름, 미국에서는 굿윌스토어(Goodwill Store, 기증받은 물건을 저렴하게 파는 중고 할인점 브랜드)의 한 점원이 에어프라이어 안에 들어 있던 포일 뭉치 속에서 4만 6,000달러(약 5,500만 원)의 현금을 발견했습니다.

2018년 1월에도 캐나다 밴쿠버의 밸류빌리지(Value Village, 역시 중고 할인점) 점원이 기증받은 가방 안에서 8만 5,000달러(약 1억 원)의 현금을 발견했습니다. 현금은 비교적 낡은 지폐로, 봉투에 들어 있었다고 합니다.

이런 일이 꽤 자주 일어납니다. 제 블로그 독자 중에도 버리려던 물건에서 10만 엔(약 100만 원) 이상을 발견한 사람이 있었고 낡은 상품권이나 전화카드를 찾은 사람도 있었습니다.

저도 독립한 딸의 책을 정리하다가 책장에서 현금 40달러(약 3만 8,000원)가 나와서 본인에게 돌려준 경험이 있습니다. 돈뿐만 아니라 잃어버린 줄 알았던 물건을 찾을 때도 많습니다.

멀쩡한 물건은 팔 수 있다

아직 사용 가치가 있을 듯한 물건을 온라인 중고 상점에 팔면 소소한 용돈벌이가 됩니다. 요즘은 인터넷과 스마트폰 덕분에 누구나 손쉽게 중고 물품을 사고팔 수 있습니다. 헌책 등 중고품을 사들이는 전문 업체도 많은데 업체 측에서 물건값을 무료로 산정해 주므로 간단히 택배로 물건을 보내기만 하면 됩니다.

저도 쓰레기 같은 물건을 제외하고는 전부 팔거나 기증합니다. 제 어머니 역시, 제가 일본에 두고 온 음반이나 카세트 테이프를 중고 상점에 팔아 생각보다 쏠쏠한 수입을 올렸다고 합니다.

중복 구매를 하지 않게 된다

물건을 다 처분하고 필요한 것만 남겨 공간이 산뜻해지면 어디에 무엇이 있는지 한눈에 들어오므로 집에 있는 물건을 중복으로 구매하지 않게 됩니다. 그만큼 돈도 절약되겠지요. 집에 있는 물건을 하나하나 아껴 쓰게 되므로 교체하는 시기도 뒤로 미뤄질 것입니다.

아무리 저렴한 가격에 횡재한 물건이라도 쓰지 않으면 그때 치른 값만큼 낭비하게 됩니다. 30퍼센트 인하된 가격에 샀다 해도 아예 사지 않았다면 100퍼센트를 절약했을 것입니다. 필요한 물건만 사는 사람은 설사 모든 물건을 정가로 사더라도 장기적으로는 훨씬 알뜰한 사람입니다.

단순하게 살다 보면 '전에는 필요하다고 생각했는데 없어도 별문제 없구나'라고 깨닫는 품목이 이것저것 생깁니다. 일상적으로 쓰는 물건 수를 줄이면 번거로운 쇼핑도, 쇼핑에 쓰는 비용도 줄어들 것입니다.

물건을 버리면 손해라고 생각하는 것은 자신이 이미 쓴 돈에 미련이 있기 때문입니다. 비싼 가격에 샀다면서 쓰지 않으면서도 못 버리는 물건이 있는데, 그걸 벽장이나 서랍, 옷장에 넣어 둔다고 해서 살 때 지불한 금액이 회수되는 것이 아니지 않습니까?

'보관해 두면 언젠가 돈이 되지 않을까?'라고 기대할지도 모르지만 돈이 될 물건이라면 벌써 됐겠지요. '아깝다'는 것은 버리기 싫어서 떠올리는 편리한 구실일 뿐입니다.

물건은 써야 비로소 가치가 생깁니다. 정말로 아까운 것은 쓰지도 않을 물건을 언제까지나 집 안에 모셔 두는 일입니다.

3 버리고 나면
비로소 생기는 여유

물건을 버려서 절약을 실천하는 사례를 이야기해 봅시다. 대표적인 것이 자동차와 집입니다.

차를 내놓는다

자동차는 물론 편리합니다. 그러나 자주 타지 않는다면 처분하는 것이 훨씬 경제적입니다. 자동차를 처분하고 자전거나 대중교통을 이용하면 다양한 혜택도 받을 수 있습니다.

일단 교통비가 확 줄어듭니다. 차량 유지비나 자동차보험,

자동차세, 검사 비용, 주차비, 연료비 등을 내지 않아도 되기 때문입니다. 배터리, 엔진오일, 타이어 등 소모품 교체 비용도 들지 않습니다.

물론 차량 구입비나 차량 임대료도 절약됩니다. 집을 지하철역 근처로 옮기고 차를 팔면 임대료가 조금 오르더라도 장기적으로는 경제적일 수 있습니다.

자동차를 처분하면 '사지 않는 삶', '갖지 않는 삶'을 실천하기도 쉬워집니다. 차를 갖고 쇼핑하러 나가면 쓸데없는 물건을 살 위험이 커지기 때문입니다. 운반이 편해지다 보니 자칫 너무 많이 사게 되는 것입니다.

저도 코로나 사태 이후에는 방역을 위해 식품을 온라인으로 주문해서 배달받고 있지만 전에는 언제나 걸어서 장을 보러 나갔습니다. 그렇다 보니 물건을 많이 사면 집에 갈 때 너무 힘들어서 제가 들 수 있는 정도만 조금씩 샀습니다. 차가 없으면 쟁여 놓고 쓸 만큼 살 수 없으므로 그만큼 물건을 덜 사고 덜 쓰게 됩니다.

차가 없으면 걸을 일이 많아져 건강에도 도움이 됩니다. 아무래도 차가 있으면 어딜 가든 차를 타기 쉽습니다. 인간은 언제든 편한 쪽을 선택하기 마련이니 전철이나 자전거보다는 차를 타게 되는 것입니다.

일상적으로 많이 걸어 다니는 사람은 굳이 비싼 돈을 내고 체육관에 갈 필요가 없습니다.

걷거나 다른 사람이 운전하는 대중교통을 이용하면 운전 스트레스도 줄어듭니다. 길이 막혀서 초조해하는 일도 없어지고 이기적인 운전자나 폭주하는 자전거 때문에 가슴이 철렁하는 일도 없어집니다. 물론 어떤 차를 살지 고민할 일도 없어지겠지요.

요컨대, 차를 없애면 스트레스가 확 줄고 돈도 상당히 절약된다고 할 수 있습니다.

집을 사지 않고 세 들어 산다

집을 사고파는 일은 자동차를 처분하는 것만큼 간단하지 않으므로 처음부터 집을 사지 않는 것이 좋을지도 모릅니다.

거듭 말하듯 어떤 물건이든 한번 소유하면 관리에 시간과 돈을 쓰게 되는데 집이 그 전형적인 예입니다.

대출로 집을 사고 나면 경제적인 위험 부담이 생깁니다. 요즘은 먼 나라에서 몇 달 전에 일어난 경제 위기의 여파로 근무하던 회사가 어이없이 무너지는 시대입니다. 2020년 발발한 코로나 사태로 생활이 힘들어진 사람이 셀 수 없이 많지만 이런 일이 일어나리라고 예상한 사람은 아무도 없었습니다.

30대에 35년 상환 조건으로 집을 산다고 하면 65~70세가 돼야 빚에서 벗어날 수 있습니다. 심지어 그때 다 갚는다는 보장도 없습니다. 한술 더 떠서 주택을 소유하면 자산에 부과되는 재산세를 내야 하고 아파트라면 관리비와 수선비까지 내야 합니다. 주택은 점점 노후화되므로 수리와 개축 등에도 상당한 비용이 들 것입니다.

또 저출산 고령화가 진전된 탓에 주택 수보다 세대 수가 적어져서 빈집이 늘고 있습니다. 모두가 오래 살게 되었으므로 말년을 시설에서 보내는 사람이 많아졌고 자녀의 수가 줄어들다 보니 부모가 넓은 집에 살아야 할 이유도 없어졌습니다. 즉, 고생해서 마련한 집이지만 나중에는 관리하느라 정신적, 경제적 수고만 보태야 하는 애물단지가 되는 것입니다.

자기 집이 있으면 그 장소에 얽매일 위험도 있습니다. 집을 마련하는 순간 앞으로 살 곳이 거의 고정됩니다. 물론 집을 팔고 이사한다는 선택지도 있지만 주택 거래란 시간과 수고가 많이 드는 일이므로 가볍게 실행하기 어렵습니다.

그래서 대부분이 한번 마련한 집에 평생 삽니다. 그러나 지금은 한 회사에서 정년까지 일하는 시대가 아닙니다. 나중에 직장이 멀어지거나 부부 중 한 사람이 다른 지역에서 근무하는 일도 생길지 모릅니다.

게다가 언젠가 자녀가 커서 집을 떠나고 나면 부부 둘이 살기에는 집이 너무 클 것입니다. 그때까지 대출금을 다 갚지 못했다면 노후 생계 마저 불안해집니다.

게다가 미니멀리스트로서 특히 지적하고 싶은 문제는, 한 집에 몇 년이나 살면 시간이 아무리 지나도 물건을 정리하기 어렵다는 것입니다. 집을 개축할 때나 돼야 기회가 올 것입니다.

아무리 물건을 버리지 못하는 사람이라도 이사할 때는 어느 정도 정리하고 버릴 수밖에 없습니다. 그러니 내 집을 마련하면 물건을 정리할 절호의 기회를 놓치는 셈입니다.

'하지만 집은 자산이 되잖아. 노후에 집세를 내고 사는 것만큼 비참한 일은 없다고.'

이렇게 생각하는 분도 계실지 모르겠습니다. 그래서 저도 사실은 제 집이 생기면 무척 기쁠 것 같습니다. 단 대출이 전혀 없고 제가 사는 동안 수리하거나 개축할 필요가 전혀 없을 경우에 말이죠.

그뿐이 아닙니다. 청소가 전혀 힘들지 않은 면적이어야 하고 해도 잘 들고 조용해야 합니다. 또 쇼핑하기에도, 가족이 회사나 학교에 다니기에도 편리해야 합니다.

이미 눈치채셨겠지만 그런 집은 별로 없습니다. 그런 꿈같은 집이 있다고 해도 가격이 제가 도저히 살 수 없을 만큼 비싸겠지요. 이처럼, 이상적인 집을 갖기는 어려우므로 누구나 자기 집을 마련할 때 무언가를 타협하기 마련입니다. '출퇴근에 세 시간씩 걸리지만 다른 조건은 좋으니까 여기로 하자'라는 식이죠.

그러나 그렇게 버거운 나날이 계속되고 주택 대출금 상환의 압박을 받다 보면 모르는 사이에 스트레스가 쌓일 것입니다.

다른 걱정이 전혀 없다면 그 정도 스트레스는 문제가 되지 않을 수도 있습니다. 하지만 누구나 직장이나 가정, 학교에서 또 다른 스트레스를 받게 마련입니다. 스트레스는 만병의 근원이라는 말을 들어 보셨지요? 집을 사지 않으면 이런 스트레스를 받을 필요가 없습니다.

애초에 차나 집을 소유하지 않으면 스트레스를 확 줄일 수 있습니다. 필요 없는 물건을 끌어안고 산다면 이번 기회에 과감하게 처분하고 필요한 물건만 남겨서 생활해 보십시오. 그것이 진정 당신다운 생활입니다.

4   그래도 '버리기'가
      어렵다면

거듭 말하지만 필요 없는 물건을 버리면 쇼핑 습관이 개선되므로 가계도 안정됩니다. 예전의 저처럼 돈 관리에 소질이 없어서 집에 물건만 많고 통장에 돈은 없는 사람이 있다면 쓸모없는 물건부터 정리해 보세요.

그래도 도저히 못 버리겠다고요? 그렇다면 버리기를 쉽게 시작하는 방법을 알려드리겠습니다.

하나만이라도 버려 보자

뭐든 좋으니 이제 필요 없을 듯한 물건을 하나만 버려 봅시다. 그 일을 매일 반복하면 됩니다. '아침에 일어나자마자', '저녁에 씻기 전에'라는 식으로 버리는 시간을 정해 놓으면 지속하기 쉬울 것입니다. 버리기 역시 행동으로 시작되고 행동으로 끝납니다.

인터넷에서 인쇄한 레시피 한 장, 언제부턴가 주방 카운터 위에 있었던 빈 음료 캔, 방구석에서 먼지를 뒤집어쓴 채 잠들어 있었던 잡지, 책장에서 툭 튀어나온 오래된 인쇄물, 옷걸이에 오래전부터 걸려 있었던 스카프, 식기장의 자리만 차지하는 접시, 쓸모가 있을 듯해 모아 두었던 쇼핑백 등등 무엇이든 좋습니다. 필요 없는 물건을 찾아서 하나씩 버려 봅시다.

'종이 한 장 버렸다고 뭐가 달라져?' 이렇게 생각하는 사람도 있을 것입니다. 하지만 버리지 않으면 어제와 오늘이 똑같아집니다. 작은 것 하나라도 버려야 생활이 달라집니다. 지금 이 순간 종이 한 장을 버리는 행동이 1년 후 당신의 미래를 크게 바꿀 것입니다.

'나비효과'라는 것이 있습니다. 브라질에서 나비가 날갯짓하면 텍사스에서 회오리가 일어나듯, 아주 작은 행동이 멀리 떨어진 곳에서 다른 사건을 일으키는 현상을 말합니다. 필요 없는 물건을 버리는 작은 행동을 조금씩 쌓아 올리면 반드시 큰 변화가 생길 것입니다.

쓰레기를 버리자

특히 누가 봐도 쓰레기 같은 물건은 꼭 버려야 합니다. 이때 가장 중요한 점은 마무리까지 확실히 해야 한다는 것입니다.

'누가 봐도 쓰레기'의 예

- 과자 포장지
- 옷에 달려 있었던 종이 태그
- 배달 피자 상자
- 편의점 봉투
- 상품 패키지
- 선물 포장지
- 잉크가 새는 볼펜
- 불이 안 들어오는 스탠드
- 이 빠진 식기

- 낡은 노트
- 낡은 영수증
- 고무줄이 늘어난 속옷

　초보자라면 산 지 얼마 안 된 물건, 쓰레기로 보이지 않는 예쁜 물건, 수납 케이스에 보관된 물건까지 버릴 필요는 없습니다(물론 버려도 되지만). 그래도 쓰레기만큼은 꼭 버립시다. 그러다 보면 앞에서 말한 멀쩡한 물건 역시, 필요 없다고 판단한 순간 내놓을 수 있게 됩니다.

　쓰레기봉투를 들고 집을 한 바퀴 돌며 쓰레기를 담으면 금방 끝납니다. '쓰레기만이라도 버리자'라는 생각으로 행동하면 분명히 변화가 생길 것입니다.

작은 목표를 세우고 실천하자

　'하루 한 개씩 버리기'와 '쓰레기 버리기'에 익숙해지면 작은 목표와 계획을 세워 버리기 활동을 시작합시다.

　이런 목표는 어떻습니까?

- 오늘 중에 주방 카운터를 치우자.
- 이번 주 중에 책상 위를 깨끗이 정리하자.
- 침대 옆 테이블의 서랍을 정리하자.
- 목도리 수를 3분의 1로 줄이자.
- 신지 않는 신발을 버리자.
- 지갑 속 영수증과 포인트 카드를 정리하자.
- 입사 후 계속 모았던 급여 명세서를 버리자.
- 매일 빨래를 하고 싱크대를 닦자.

이렇게 목표를 세우고 달성하면 성취감도 느껴지고 자신감도 생깁니다. 스스로 세운 계획을 완수하는 것은 자신과의 약속을 지키는 일이니까요. 이렇게 부지런히 실천하다 보면 필요 없는 물건을 찾아내는 안목이 생겨서 버릴지 말지 판단하는 속도도 점점 빨라질 것입니다.

목표는 조금만 노력하면 달성할 수 있는 것으로 설정하고 어느 시점에 어느 정도의 시간을 할애할지를 스케줄에 반영하는 것이 좋습니다.

버릴 시간을 잊지 않도록 돕는 장치를 만들어도 좋습니다. 예를 들어 메모지에 '정리'라고 써서 매일 아침 눈길이 머무는

곳에 붙여 놓는 것입니다. 저는 메모지에 '하루 한 개 버리기'
라고 써서 매일 아침 펼치는 노트에 책갈피 대신 넣어 두었
습니다.

단, 계획을 세우는 데 시간을 너무 많이 쓰지 않도록 합시
다. 목표는 물건을 버리는 것이지 계획을 세우는 것이 아닙
니다. 수첩이나 달력에 목표를 기입하거나 할 일 목록에 스
케줄을 정리하고 성과를 확인하다 보면 정리하는 생활에 한
획이 그어질 것입니다. 일주일에 한 번 버리거나 주말에만 버
린다는 사람도 있는데, 아무것도 하지 않는 것보다는 낮지
만 되도록 매일 버리는 것이 좋습니다.

매일 해야 잊지 않기 때문입니다. 버리기를 항상 의식하고
지내면 어느 순간부터 자연스럽게 버리고 싶은 물건, 버려야
할 물건이 떠오를 것입니다.

실천이 어려울 때는 과감하게 목표를 낮추세요. 하루 한
개씩만 버려도 전혀 버리지 않는 것보다 훨씬 낮습니다.

5 버릴 물건을 더 찾아주는 여섯 가지 질문

정리를 하다 보면 '이걸 버리는 게 나을까? 아니면 갖고 있는 게 나을까?'라고 망설여질 때가 있습니다. 그럴 때 오래 고민하지 않고 바로 결정할 수 있도록 '이런 물건은 버리겠다'라는 규칙을 미리 만들어 둡시다. 작업 효율이 훨씬 높아질 것입니다. 그래도 고민이 되면 이런 질문을 자신에게 던져보세요.

더 단순한 생활을 위한 질문
질문 1 - 평소에 쓰고 있는가

쓰지 않는 물건은 아무리 갖고 있어도 의미가 없습니다. 방에 물건이 가득한 것도 지금 쓰지 않는 물건이 너무 많기 때문입니다.

평소에 얼마나 쓰는지 생각해 보고 별로 쓰지 않는다고 판단되면 처분합시다. 혹시 쓸지도 모르는 물건이나 특수한 상황이 발생했을 때 쓸모 있을 것 같은 물건은 그냥 쓰지 않는 물건입니다.

질문 2 – 억지로 쓰고 있지는 않은가

억지로 쓰는 물건도 버립시다. 선물 받은 물건이 여기에 많이 해당될 것입니다.

'마음에 들지도 않고 그다지 쓸모도 없지만 일부러 선물해 준 것이니 써야 한다'라며 의리로 쓰는 물건이 꽤 있습니다. 큰돈을 주고 산 불편한 가구, 착용감이 불편한 옷, 무거운 가방, 신고 다니다 보면 묘하게 몸이 힘들어지는 신발도 마찬가지입니다.

이런 물건을 '본전을 찾겠다'라는 생각으로 억지로 쓰고 있지는 않습니까?

품질 좋은 새 볼펜이 있는데도 선물로 받았다며 잉크도 잘 나오지 않는 볼펜을 억지로 쓰는 사람을 본 적도 있습니다.

쓸 때마다 스트레스를 주는 물건은 버리는 게 낫습니다.

질문 3 - 소유할 필요가 있는가

별생각 없이 갖고 있는 물건도 버립시다. 별다른 이유도 의미도 없이 보관하는 물건이 의외로 많습니다. 그 대표가 비닐봉지와 쇼핑백입니다. 집에 가져오면 아무 생각도 없이 언제나 두던 곳에 끼워 넣지 않나요?

'다음 달 18일 제사 때 가져갈 선물을 담아가야겠다'라는 생각으로 보관해 둔다면 괜찮겠지만 대부분은 '일단 두면 나중에 쓸모가 있겠지'라고 막연히 생각하는 정도겠죠. 간직할 이유가 전혀 없는데도 습관적으로 냉장고와 벽 사이의 틈새에 쇼핑백을 끼워 놓는 것입니다. 목적의식 없이 이런 행동을 반복하는 사이에 쇼핑백과 비닐봉지는 점점 불어납니다.

버릴 줄 모르는 사람은 이 시점에서 질문 2에서 언급한 억지로 쓰기를 시도할 것입니다. '쓸 만한 데가 없을까?', '종이 봉투를 잘 수납하는 방법이 없을까?', '균일가 상점에 편리한 수납 용품이 있을지도 몰라', '쇼핑백으로 무언가 만들 수 있지 않을까?' 그리고 인터넷에서 활용법을 검색하거나 도서관에 가서 수납 노하우를 다룬 잡지를 빌려 볼지도 모릅니다.

그러나 애초에 특별한 목적 없이 갖고 있을 뿐이니 그럴듯한 용도를 찾지 못할 것입니다. 결국은 쓸데없는 고민이나 일이 늘어날 뿐이죠. 이유 없이 보관하는 물건이라는 사실을 알아챘다면 곧바로 버리는 것이 상책입니다.

질문 4 - 지금 살 만한 물건인가

지금 그 물건이 없다면 돈을 내고 살 의향이 있는지 생각해 봅니다. '아냐, 이걸 쓸데없이 왜 사?'라는 생각이 든다면 바로 버립시다.

샀을 때는 필요했지만 시간이 지나면서 마음 상태도 생활 환경도 달라져서 필요 없어지는 물건이 많습니다.

필요해질 때 쓸 생각으로 어딘가에 보관해 두었다는 것은 지금 필요하지 않다는 뜻입니다. 오늘 자신에게 꼭 필요한지 아닌지 확인하기 위해 '지금이라면 살까?'라고 자신에게 물어 보세요.

일단 소유하면 어떤 물건에든 애착과 집착이 생기는 법입니다. 감정에 휘둘리지 말고 객관적으로 판단해야만 잘 버릴 수 있습니다.

질문 5 – 이상적인 생활에 도움이 되는가

누구나 자신이 꿈꾸는 이상적인 생활이 있을 것입니다. 지금 당신이 보고 있는 그 물건이 이상적인 생활을 실현하는 데 도움이 될지 잘 생각해 봅시다.

지금 그 물건을 갖고 있으면 당신이 꿈꾸는 생활에 조금이라도 다가갈 수 있을까요?

아니면 반대로 더 멀어질까요?

후자에 해당한다면 말할 것도 없이 필요 없는 물건입니다. '이 물건이 있으면 가사가 편해지고 생활이 나아진다. 그러므로 내 한정된 자원을 할애하여 관리하는 한이 있어도 앞으로 쭉 가져가야겠다. 나는 이것을 가지고 미래로 나아갈 것이다.' 이렇게 생각되는 물건은 남겨도 됩니다. 그게 아니라면 다 버리십시오.

자신에게 아무 도움도 되지 않는 물건은 아무리 품질이 뛰어나고 훌륭해도 제대로 써 줄 사람에게 보내 주는 것이 맞습니다. 그것이 자신에게도 물건에도 환경에도 좋은 일입니다.

질문 6 - 없으면 안 되는 물건인가

자신에게 반드시 필요한 물건만 소유하면 생활이 몰라보게 단순해집니다.

소중하게 여기는 물건이라고 해서 꼭 소유해야만 하는 것은 아닙니다. 마음에 드는 물건이나 좋아하는 물건, 마음이 설레는 물건은 남겨 두어야 한다고 생각하기 쉽지만 그것도 오해입니다.

좋아한다고 해서 소유할 필요는 없습니다. 저도 어릴 때부터 귀여운 물건을 좋아하여 캐릭터 상품을 많이 샀습니다. 지금도 그런 물건을 보면 귀여워서 감탄하게 됩니다. 그러나 이제 소유하고 싶은 마음은 들지 않습니다. 소유란 무척 번거로운 일인데다 소유하지 않아도 일상생활이 가능하다는 사실을 잘 알고 있으니까요.

있으면 편리한 물건도 소유할 가치가 있다고 생각할 수 있습니다. 그러나 있으면 편리한 물건이란 없어도 별로 곤란하지 않은 물건이라는 뜻입니다. 편의 용품이 너무 많으면 집에 잡동사니가 많아져 오히려 불편합니다. 편의 용품은 하나씩 있을 때는 편리하지만 수와 종류가 너무 많으면 오히려 생활을 불편하게 만든다는 사실을 잊지 마세요.

4장

돈보다 중요한 것

1 돈 스트레스를 줄이려면?

많은 사람이 매일같이 '돈이 없다', '돈이 더 필요하다'라는 생각을 합니다. 하지만 아무리 돈 생각을 해도 현실은 나아지지 않습니다.

사실 예전엔 저도 그랬습니다. 심지어 저축이나 투자에 관심이 없는 사람이라도 물건을 사다 보면 돈 때문에 마음이 답답해질 때가 종종 있습니다.

시간, 체력, 정신적 에너지 등 우리의 자원은 유한합니다. 그런 귀중한 자원을 써 가며 골머리를 싸매고 돈 걱정을 하는데도 경제 상황이 개선되지 않는 것은 무엇 때문일까요?

생각하는 것 같지만 다 쓸데없는 생각이다

'부자가 되고 싶다.'

'노인 빈곤이 남의 이야기가 아니구나.'

'나중에 치매에 걸려서 은행 계좌 비밀번호고 뭐고 다 잊어 버리면 어떡하지?'

'(신문에서 고소득자 순위를 보거나 남의 연봉을 전해 듣고)돈 많아서 부 럽다.'

'(온라인 쇼핑을 하면서)레깅스 하나에 5만 원이라니, 너무 비싸 지 않나?'

'(견과류를 먹으면서)견과류는 왜 이렇게 비쌀까?'

돈을 늘리는 데 전혀 도움이 되지 않는 이런 돈 걱정은 시 간 낭비일 뿐입니다. 오히려 걱정이 너무 많아져 스트레스가 쌓이면 삶이 점점 어두워질 것입니다.

저는 이런 쓸데없는 생각을 최소한으로 줄이기로 결심하 고 이런저런 노력을 기울인 결과 돈 걱정에 휘둘리지 않게 되 었습니다.

생산적으로 사고하는 법

구체적으로 말하자면, 의미 없는 생각에 시간과 에너지를 낭비하지 않기 위해 생산적인 사고를 늘리려고 노력했습니다. 그래서 다음 세 가지에 도전했습니다.

1. 돈 걱정에 관한 태도를 바꾼다

• 생각이 떠오르면 '아, 떠올랐구나'라고 받아들인다.

자연스럽게 떠오르는 생각을 억지로 누르려 하면 나중에 부작용이 생깁니다. 그래서 '돈 많아서 부럽다'라든가 '견과류는 왜 이렇게 비싸지?'라는 생각이 떠오르면 '그래, 돈이 많은 걸 부러워하는구나' 또는 '견과류가 비싸서 불만이구나'라는 식으로 순순히 받아들이기로 했습니다.

제 머릿속에 떠오르는 걱정을 객관화하기로 한 것입니다.

• 아침마다 떠오르는 생각을 기록한다.

돈 걱정이 유난히 많을 시기에는 아침마다 떠오르는 걱정을 노트에 빼곡하게 기록했습니다.

• '그럼 어떻게 하면 좋을까'라고 자문한다.

'임플란트 비용이 모자라네' 또는 '이대로 가면 노후에 가난해질 거야'라는 걱정이 떠오를 때마다 '그럼 어떻게 하면 좋을까? 지금 실천할 만한 대책은 없을까?'라는 방향으로 사고를 전환하려고 노력했습니다. 그리고 당장 할 수 있는 일을 조금씩 실천해 나갔습니다.

'큰일이야, 위기에 빠졌어'라는 생각에 그치면 언제까지나 걱정스러운 상황이 이어질 뿐입니다. 문제 해결을 위해 작은 행동이라도 실천해야 상황이 조금이라도 나아질 것입니다.

2. 기본적인 돈 관리를 시작한다

• 예전에 저는 제 잔고조차 파악하지 못하는 사람이었습니다. 그래서 지출과 수입, 잔고부터 파악하기로 했습니다. 그래서 일단은 무엇에 얼마나 돈을 썼는지 구글 스프레드시트에 기록하기 시작했습니다. 그것만으로도 돈을 아무 생각 없이 쓰는 일이 줄어들었습니다.

3. 돈 관리에 관한 유용한 정보를 배우고 실천한다

• 그리고 가계 관리에 관한 책을 두 권 샀습니다.

『올바른 가계 관리(正しい 家計 管理)』³⁾와『저축 생활 교과서(年收200万円からの貯金生活宣言)』⁴⁾입니다. 개인 재무 설계를 다룬 책 중 초보자가 읽기 좋을 듯한 것을 골랐습니다.

둘 중『올바른 가계 관리』를 먼저 읽었습니다. 이 책의 홍보용 책 띠에는 '이전의 가계 관리법, 시중의 가계부에 좌절한 모든 이에게'라고 써 있었습니다.

그러나 이 책은 가계 관리를 시도한 경험조차 없는 저에게는 조금 어려워서, 실천할 엄두가 나지 않는 내용이 대부분이었습니다.

그래도 '가계 관리의 목적은 절약이 아니라 돈을 가치 있게 쓰는 것'이라는 생각에는 공감했습니다. '가치관을 돈의 흐름으로 나타낸 것이 가계부다'라는 말에도 고개가 끄덕여졌습니다.

'이 책에 나온 방법은 나중에 실천해야겠다'라는 생각으로 내용을 한 차례 확인한 뒤, 더 쉬워 보이는『저축 생활 교과

---

3) 국내 미출간

4) 요코야마 미츠아키 저, 오경화 역, 랜덤하우스, 2010.

서』를 읽기 시작했습니다. 상대적으로 쉬워 보여서 그중 몇몇 방법을 적용해 보았습니다.

지금 제가 돈을 관리하는 방식이 거의 이 책들에서 유래했습니다. 실천하면서 방법을 저에게 맞게 조금씩 수정했으므로 책에 나온 것과 정확히 일치하지 않지만 말입니다.

그나마 책을 읽고 시행착오를 거치며 돈 관리를 해 볼 각오가 선 것은 그 직전에 쓸데없는 물건을 싹 처분하고 머릿속을 깨끗이 정리한 덕분이었습니다.

원래는 미니멀리즘에 관한 책을 읽다가도 가계부나 재정 관리 이야기만 나오면 '나와 상관없는 부분이야', '읽기 싫어'라며 넘겨 버리기 일쑤였거든요.

그런 주먹구구 인생을 벗어나 매일의 소비를 꼼꼼히 기록하고 돈의 흐름을 파악하면서 때때로 돈에 대한 태도를 돌아볼 수 있게 되기까지 2년이라는 시간이 걸렸습니다.

갑자기 어려운 과제에 덤벼들지 않고 쉬운 것부터 실천한 덕분에 여기까지 올 수 있었다고 생각합니다.

가계 수지를 머릿속에 넣고 다녔더니 막연한 불안이 사라졌고 스트레스가 확 줄었습니다. 당연히 쓸데없는 걱정도 하지 않게 되었습니다.

2   머니 셰임을
   깨닫자

시중에 가계 관리나 자산 운용에 관한 정보가 넘쳐나는데도 돈 문제로 스트레스를 받지 않는 사람이 없습니다.

가계 관리 노하우를 아무리 수집해도 돈에 대한 잘못된 가치관, 바람직하지 않은 사고방식이 여전히 남아 있으면 돈을 잘 관리할 수 없습니다.

미국의 재정 컨설턴트 타미 랠리(Tammy Lally) 씨는 돈에 관한 잘못된 생각을 머니 셰임(Money Shame)이라고 부릅니다. shame이란 수치, 유감, 불명예라는 의미인데 누구에게나 이와 같은 머니 셰임이 있다는 것이 타미 씨의 주장입니다.

머니 셰임의 배경에는 어릴 때부터 몸에 밴 잘못된 가치관이 있습니다. 머니 셰임이 강한 사람은 '나는 인간으로서 가치가 없으므로 남에게 사랑받거나 공동체(가족, 회사, 친구 등의 무리)의 일원으로 받아들여지지 못한다'라고 느낍니다. 말할 것도 없이 이런 감정에는 큰 고통이 따르기 마련입니다.

머니 셰임 때문에 자신의 가치가 돈에 달려 있다고 믿게 된 사람은 돈이 없는 상태를 매우 부끄럽게 여깁니다. 반대로 많은 돈이나 큰 집, 멋진 차를 소유하면 자신의 가치가 높아지고 인생도 잘 풀릴 것이라고 생각합니다.

머니 셰임의 폐해

머니 셰임이 강한 사람은 이런 삶을 살아갈 가능성이 높습니다.

- 분에 넘치는 고급 상품이나 자동차를 구입한다.
- 월급은 순식간에 사라지고 쪼들리는 생활은 끝날 줄을 모른다.
- 아무리 돈이 들어도 허세를 포기하지 못한다(남에게 어떻게

보이느냐가 중요하다).

- 돈이 많아져도 마음이 채워지지 않아 인생을 즐기지 못한다.
- 돈을 쓸 때마다 죄책감을 느낀다.
- 신용카드 빚이 남아 있는데도 쇼핑을 멈추지 못한다.
- 이상하리만큼 돈에 집착하여 물건의 가격이나 다른 사람의 수입을 무척 신경 쓰고 그 숫자에 민감하게 반응한다.
- 가족과 동료 앞에서 호탕한 척하며 식대, 유흥비를 도맡아 지불하려 한다.
- 돈이 충분한데도 항상 부족하다고 느낀다.
- 돈에 관한 비밀이 있고 남에게 그것을 들킬까 봐 전전긍긍한다.

머니 셰임이 강한 사람은 다른 일로 자신을 마비시켜 그 고통을 잊으려 합니다. 그래서 지나치게 바쁘게 살거나 음식, 게임, 독서, 약물, 알코올에 빠지거나 인스타그램, 페이스북 등 SNS의 '좋아요'에 집착하기도 합니다. 넷플릭스 드라마나 영화, 아마존 쇼핑, 포르노, 성행위, 연애에 중독되기도 합니다.

게다가 요즘은 인터넷이 발달한 덕분에 자신을 마비시킬

수단을 얼마든지 찾아낼 수 있습니다.

'왜?'라고 자문하고 수정한다

머니 셰임을 일단 자각해야 벗어날 수 있습니다. 그러므로 돈 문제를 숨기거나 못 본 체하지 말고 현실을 직시하는 것이 중요합니다.

과거에 금전적 실패로 큰 빚을 졌다고 해도 그것을 숨기거나 회피하지 말고 당당히 직면하고 인정합시다. 실패한 자신을 용서합시다. 그래야만 그 실패로부터 자유로워질 수 있습니다. 자신도 모르는 새 머니 셰임 때문에 가치관이 왜곡된 사람도 있을 테니까요.

그런가 하면 '세상은 돈이 최고야, 돈이 전부야!'라고 진심으로 믿고 말하고 행동하는 사람도 있겠지요. 사실 그렇게 대놓고 단언하는 사람은 많지 않겠지만 무의식적으로 '경제력이 사람의 행복을 결정한다. 결정까지는 아니라도 확실히 큰 영향을 미친다' 또는 '경제력 있는 사람은 인간으로서도 훌륭할 수밖에 없다'라고 믿는 사람이 꽤 많을 것입니다.

200

그들은 머니 셰임에서 벗어나 행복해지려고 돈을 필사적으로 모으기도 하고 한 푼이라도 더 챙기려고 남의 것을 가로채기도 하며 부자인 척하려고 비싼 물건으로 온몸을 휘감기고 다니기도 합니다.

머니 셰임 탓에 결혼 상대를 잘못 선택하는 사람도 많습니다. 30년쯤 전에는 이상적인 결혼 상대의 조건으로 3고, 즉 고학력, 고수입, 고신장을 꼽는 사람이 많았습니다. 고학력이 고수입으로 이어진 시대였으므로 세 가지 중 두 가지가 돈에 관한 조건이었던 셈입니다.

결혼 상대의 수입이나 직장을 따지는 것은 당연한 일일지 모릅니다. 그러나 인간성이나 성격 등을 전혀 고려하지 않고 상대를 선택하면 결혼 생활이 불행해질 위험이 큽니다.

3고를 모두 충족하는 상대와 결혼했는데도 생각만큼 행복하지 않았던 것은 돈에 관한 잘못된 가치관으로 판단을 그르쳤기 때문이라고 말할 수 있습니다.

이것은 명백한 실패입니다. 그렇다면 왜 그렇게 되었는지, 자신을 그 결혼으로 이끈 근본적인 가치관은 무엇이었는지 철저히 밝혀내야 합니다. 그런 다음 실패한 자신을 용서하고 생활을 새로 설계해야만 머니 셰임에서 자유로워질 수 있습니다.

잡동사니로 가득한 집, 잘못된 쇼핑 습관 역시 돈과 물건에 관한 잘못된 가치관에서 비롯됩니다. 어째서 그렇게 되었는지, 자신의 과거 사고방식은 어땠는지 생각해 봅시다. 이것은 무척 뜻깊은 과정입니다.

사람의 가치관은 가지각색이므로 어떤 가치관을 갖든 개인의 자유입니다. 하지만 모르는 새 내면에 자리 잡은 가치관이 당신을 괴롭히고 있다면 그 정체를 철저히 밝혀내서 폐기한 다음 바람직한 가치관을 새로 도입해야겠죠.

나의 머니 셰임

쇼핑에 집착했던 시절에는 저도 머니 셰임에 시달렸습니다. 특히 저는 돈 문제를 한사코 회피하는 사람이었습니다.

원래 숫자에 약해서 돈 계산을 싫어하기도 했지만 '돈 이야기를 대놓고 하는 것은 천박한 일이다. 다른 사람과 대화할 때 돈 이야기는 피하고 싶다'라는 생각이 강했습니다. 그리고 그 근저에는 '돈은 더러운 것'이라는 무의식적 믿음이 있었습니다. 지금도 소비세 신고 등 금전에 관한 업무를 좋아하지는 않습니다.

하지만 당시에는 돈 문제를 이리저리 회피하다 보니 경제 생활이 주먹구구식이였고 종종 돈이 바닥나는 사태까지 벌어졌습니다.

그런데도 저는 가계 수지를 파악하거나 가계부를 쓰려고 시도하지 않았습니다. 무서운 마음에 답답한 현실을 외면하려고만 했습니다.

답답한 현실을 적나라하게 마주한들 달라질 것이 없다는 생각도 있었습니다. 그래서 돈 문제를 요리조리 피해 다니다 보니 통장 안에 잔고 대신 장래에 대한 불안만 점점 늘어났습니다.

하지만 단순한 생활을 실천하다 보니 소중한 자원인 돈을 제대로 관리해야겠다는 마음이 들었습니다. 그래서 돈 문제를 직시하려고 노력한 결과 조금씩 저축을 늘릴 수 있었습니다.

3 부족한 마인드 vs 충분한 마인드

  돈 스트레스를 줄이는 특효약은 '이미 충분하다'라는 생각입니다. 저는 이것을 '충분한 마인드'라고 부릅니다. 이것은 자신이 이미 가진 것, 잘 되는 것에 집중하는 사고방식입니다.

  충분한 마인드의 반대말은 '부족한 마인드'로 자신에게 부족한 것이나 잘 안 되는 것에 집중하는 사고방식을 말합니다.

  부족한 마인드로 살다 보면 돈 스트레스 때문에 집에 이미 넘쳐 나는 물건을 또 사들이게 됩니다.

  좀 더 자세히 설명해 볼까요?

부족한 마인드란?

사람은 원래 걸핏하면 '부족하다'라고 투덜대는 존재입니다. 당신도 무심코 이런 말을 자주 하지 않습니까?

- 시간이 부족해
- 돈이 부족해
- 요리 재료가 부족해
- 일손이 부족해
- 수납공간이 부족해

'부족한 마인드'는 앞서 소개한 『성공한 사람들의 7가지 습관』으로 유명해진 개념입니다. [5)]

저자인 코비 박사는 이 책에서 "시간, 돈, 행복의 파이가 이 세상에 하나밖에 없다고 생각하면 늘 부족한 기분이 들 것이다"라고 말했습니다. 여기 나온 파이란 여러분이 생각하는

---

5) 해당 도서의 한국어판에는 '풍요의 심리 vs 부족의 심리', 원서에는 'abundance mentality vs scarcity mentality', 일본어판에는 '豊かさマインド(풍요 마인드) vs 欠乏マインド(결핍 마인드)'로 표현돼 있다.

그 과자가 맞습니다.

정말 공감이 가는 말입니다. 파이가 하나뿐인 세상에서는, 누군가가 큰 조각을 먹어 버리면 나머지 사람은 아주 조금 남은 것을 먹겠다고 서로 다툴 수밖에 없습니다. '부족해, 너무 부족해'라고 외치면서 말이죠.

세상을 '나 vs 남'의 관점으로 받아들이는 사람의 눈에는 모든 것이 부족해 보이기 마련입니다.

실제로 있을 법한 사례를 들어 설명해 볼까요? 절약을 테마로 블로그를 운영하며 가계부를 매달 공개하는 블로거가 있다고 합시다. 그녀가 '이번 달에는 남편이 상여금을 받아서 수입이 2,000만 원 정도로 늘었습니다. 너무 기쁩니다'라는 글을 올리면 어떻게 될까요?

이성적으로 생각하면 알지도 못하는 블로거의 남편이 돈을 많이 번 것과 읽는 사람의 생활 사이에는 아무런 관련이 없습니다.

오히려 이 글을 보고 부정적인 감정을 느끼는 사람이 많을 것입니다. 감탄하거나 부러워하는 정도라면 그나마 낫겠지만 '왜 저 사람만 잘살지? 나도 이렇게 열심히 절약하는데. 불공평해'라며 침울해하는 사람도 적지 않을 것입니다.

반면 '참 잘됐다, 나도 기쁘다'라고 반응하는 사람은 별로 없을 것입니다.

그들은 세상에 돈의 파이가 하나뿐이고 그 파이의 상당 부분(이 예에서는 2,000만 원)을 다른 사람이 가져갔으므로 자신에게 돌아올 몫이 더 적어졌다고 생각합니다. 그래서 불공평하다고 느끼는 것입니다.

남과 자신을 비교하다 보면 이런 기분에 빠지기 쉬우니 타인의 생활과 자신의 생활을 자주 비교하지 않는 것이 좋습니다.

그런데 남과 비교하는 것도 아니면서 자신에게는 모든 것이 부족하다고 혼자 굳게 믿는 사람들도 있습니다. 지금 행복한데도 '이런 행복이 언제까지나 이어질 리 없어. 분명 머잖아 뭔가 나쁜 일이 일어날 거야'라고 불행을 불러들이기까지 합니다.

도쿠가와 이에야스(德河家康)가 말했듯, 세상의 화복(禍福)은 꼬인 새끼줄과 같습니다(행복과 불행이 한데 얽혀 있다는 뜻). 그러므로 좋은 일과 나쁜 일은 항상 공존하며 누구에게나 좋은 때와 나쁜 때가 찾아오기 마련입니다.

하지만 어떤 사람들은 행복할 때는 다음에 올 불행을 두려워하고 불행할 때는 그 불행에 푹 빠져 인생을 저주합니다.

이것도 부족한 마인드 때문입니다. 그들은 하나밖에 없는 행복의 파이를 이미 다른 누군가가 많이 먹어 버렸다고 생각하는 것입니다.

한편, 정말로 불운을 당하는 사람도 있습니다. 남편은 실직했고 아이는 입시에 실패했고 본인은 아르바이트 면접에서 미끄러졌고 친정어머니는 치매라서 돌봐드려야 하는 상황에 맞닥뜨릴지도 모릅니다.

이렇게 힘든 일을 연속으로 당했을 때 다른 사람의 행복한 모습이 눈에 들어오면 '왜 나만 이렇게 힘들까?'라는 부정적인 생각이 들기 쉽습니다. '남들은 행복을 듬뿍 가져갔고 나는 그렇지 못하다'라고 느끼는 것입니다.

그러나 돈이란 '이 종잇조각에 5만 원의 가치가 있다'라고 모두가 믿기 때문에 가치를 갖게 된 공동의 환상에 불과합니다. 게다가 행복이나 행운 같은 무형의 가치가 파이처럼 유한할 리도 없습니다.

그러므로 부족한 마인드를 당장 버려야 합니다.

부족한 마인드와 충분한 마인드의 엄청난 차이

부족한 마인드와 충분한 마인드의 차이점을 네 가지로 설명하겠습니다.

1. 한계와 가능성

부족한 마인드의 소유자는 항상 '돈이 부족하다', '시간이 부족하다', '애정이 부족하다', '기회가 부족하다', '능력이 부족하다'라며 한계에 주목합니다.

그래서 '이제 한계에 부딪혔으니 어쩔 수 없다'고 포기하기 쉽습니다. 그런 사람에게는 발전의 여지가 없습니다.

한편 충분한 마인드의 소유자는 '나에게는 다양한 자원이 있으니 어떤 일이든 할 수 있다'라며 가능성을 주목합니다.

이런 사람에게는 가능성이 있습니다. 제가 평소에 '부족하다고 생각하면 돈이 나가고 충분하다고 생각하면 돈이 들어온다'라고 생각하는 것도 그 때문입니다.

2. 수동성과 주체성

항상 이해득실부터 생각하는 사람일수록 외부 상황에 휘둘리기 쉽습니다. 이들은 쇼핑할 때도 필요한 물건이 아닌 저렴한 물건을 선택합니다.

그래서 원래는 A라는 상품(서비스)을 사고 싶은데도 가격이 인하된 B나 C로 타협합니다. 이 사람은 자신이 주체적으로

B, C를 선택했다고 생각하겠지만 사실은 판매자 측이 정해
준 것을 순순히 샀을 뿐입니다. 판매자의 상술에 넘어간 셈
이지요.

반면 '자원이 충분하다'라고 생각하는 사람은 자신에게 필
요한 물건으로 곧장 손을 뻗습니다. 다른 것보다 가격이 약
간 비쌀지도 모르지만 정말 필요한 물건을 샀으므로 그의
쇼핑 만족도는 높을 것입니다.

이것은 쇼핑에만 해당되는 이야기가 아닙니다. '나는 부족
해. 나는 잘 안 풀려. 그러니 무조건 손해를 피해야 해'라는
생각으로 살면 나중에 정말 좋아하는 것이 생겨도 곧장 손
을 뻗지 못하게 될 것입니다.

3. 현상 유지와 변화

부족한 마인드의 소유자는 지금과 조금이라도 다른 행동
을 하면 '안 그래도 부족한데 더 부족해질 것'이라며 두려워
합니다. 그래서 매번 현상 유지를 선택합니다.

기본적으로 모든 것이 부족하다고 생각하므로 수납장을
가득 메운 수건, 티셔츠, 스웨터도 버리지 않습니다.

항상 부족하니 더 많이 가져야 하는 것입니다. 설사 영영

쓰지 않을 물건이라 해도 상관하지 않습니다.

오히려 '쓰지 않는 물건이 꽉 찬 벽장'이라는 현상을 유지하려고 애를 씁니다.

반면 충분한 마인드의 소유자는 '수건도 충분하고 옷도 너무 많아. 안 쓰는 건 처분하자'라며 남는 것을 버리거나 기증합니다. 그러면 수납공간에 여유가 생기므로 물건을 넣고 빼기가 편해지고 필요한 물건을 찾기도 쉬워집니다.

그뿐만 아니라 그만큼 가사가 줄어들 테니 새로 생긴 시간을 취미나 공부에 써서 시간을 더 알차게 활용할 수도 있습니다.

시간 여유가 생겼으니 손이 많이 가는 새로운 요리에 도전하여 가족들을 기쁘게 해 줄 수도 있습니다.

이처럼 남아도는 수건이나 입지 않는 옷만 처분해도 생활이 달라집니다. 하지만 부족한 마인드의 소유자는 이런 변화를 처음부터 거절합니다. 쓰지 않는 수건조차 아깝다고 끌어안고 살면서 생활을 전혀 개선하지 못하니 참으로 안타까운 일입니다.

4. 기쁨과 원망

똑같은 일을 해도 부족한 마인드의 소유자와 충분한 마인드의 소유자가 느끼는 감정은 전혀 다릅니다.

　두 사람이 누군가를 위해 자원봉사를 했다고 합시다.

　충분한 마인드의 소유자는 '남에게 도움이 돼서 좋았다'라며 순수하게 기뻐합니다. 그러나 부족한 마인드의 소유자는 '손해를 감수하고 공짜로 일해 줬는데 고맙다는 말조차 듣지 못했다'라며 원망합니다.

　마음에 여유가 없다 보니 그만큼 일을 해 줬으면 인사 정도는 받아야 한다고 생각하기 때문입니다.

　부족한 마인드의 소유자는 언제나 자신의 부족한 부분을 메우기 위해 남에게 조금이라도 더 받거나 얻거나 빼앗으려고 합니다. 반면 충분한 마인드의 소유자는 자신이 이미 충분히 갖고 있으니 남에게 조금 나눠 줘도 괜찮다고 생각합니다.

　부족한 마인드의 소유자는 말 그대로 마음이 가난한 사람이어서 돈에 관한 스트레스도 많습니다.

　자, 지금까지 돈보다 중요한 것에 대해 이야기했습니다.

　지금부터는 쇼핑 습관을 바꾸는 방법을 소개하겠습니다.

4 돈 이외의 자원

'물건을 많이 가져야 행복하다'라는 사고방식은 '돈을 많이 모아 다양한 물건과 서비스를 더 많이 소비할수록 행복하다' 라는 가치관을 낳습니다. 실제로 '생명과 건강을 빼면 이 세상에서 돈이 가장 중요하다'라고 생각하는 사람이 많습니다.

그러나 세상에는 돈보다 더 중요한 자원이 많습니다. 여기서 자원이란, 우리가 목적(생명 유지, 생활, 특정한 목표)을 달성하기 위해 활용하는 모든 것을 말합니다.

돈 이외의 자원에 관심을 갖고 그것을 소중하게 다뤄야 소비만 하다가 결국 자신을 갉아먹는 생활에서 벗어날 수 있습니다. 절약에 집착한 나머지 다른 중요한 자원을 낭비하는 사태도 막을 수 있습니다.

대표적인 자원은 사람, 물건, 돈이지만 그 외에 시간, 정신력, 노하우(지식, 정보) 등도 매우 중요합니다. 좀 더 구체적으로 어떤 자원이 있는지 살펴봅시다.

채소를 직접 재배할 경우

직접 키워서 수확한 채소는 슈퍼에서 사 온 채소보다 훨씬 맛있게 느껴집니다. 자신의 자원을 투자하여 만든 것이기 때문입니다.

채소를 키우고 수확하는 데 필요한 자원은 무엇일까요?

시간, 노력, 체력, 수고, 노하우(책을 읽거나 남을 통해 배운 채소 재배 기술과 지식), 자금(텃밭 임대료, 종자 및 도구 구입비), 장소(실제 재배 장소) 등입니다.

햇볕, 공기, 물과 같은 자연 자원도 필요합니다. 저절로 얻어지는 것이라 자원이 아니라고 생각할 수 있지만, 이것들을 자유롭게 쓸 수 있는 환경 자체가 훌륭한 자원입니다. 세상에는 여전히 수돗물이 나오지 않는 곳에 사는 사람도 많으니까요.

또, 텃밭이 집에서 멀리 떨어져 있다면 농사지을 시간을 따로 내서 아침 일찍 일어나 출발해야 할 테고, 가는 도중에 차에 연료를 채우는 등 준비가 필요합니다. 이 과정에 들어가는 시간, 정신 에너지, 돈 역시 중요한 자원입니다. 텃밭에서 일하는 동안 남편에게 아이를 맡긴다면 남편도 인간관계를 통해 획득한 인적 자원이 됩니다. 밭일을 할 때 쓰는 도구나 작업복 등은 물적 자원이 되겠지요.

가수가 되려고 할 경우

지방에 사는 20세 여성이 가수가 되기 위해 대도시로 상경한다고 합시다. 이 여성이 꿈을 이루는 데 필요한 자원은 무엇일까요? 생각나는 것을 꼽으면 다음과 같습니다.

- 시간(연예인 지망 활동에 쓸 수 있는 시간)
- 자금(오디션이나 콘테스트에 참가하기 위해 대도시로 이동하는 교통비, 의상 구입비, 식대 등)
- 건강, 체력, 젊음, 외모(귀여움, 애교)
- 성별(여성), 가창력, 리듬감, 행동력, 노래에 대한 열정과 의욕

- 유튜브 채널, 약간의 작사, 작곡 능력
- 대화 센스, 꾸준하고 성실한 성격, 기본적인 학교 교육과 가정교육, 상식적인 판단력, 자기 관리 능력
- 응원해 주는 부모, 상담해 주는 친구, 재워 줄 친척
- 이미 갖고 있는 다양한 물건들(스마트폰, PC, 작사용 노트와 펜, 옷, 신발, 가방, 여행 가방 등)

예전에 오디션이나 경연에 참여한 경험이 있다면 그것도 좋은 자원이 될 것입니다. 나아가 연예 기획사와 계약을 한다면 그 기획사와 매니저 역시 강력한 자원이 되겠지요.

자신에게 어떤 자원이 있는지 알고 있습니까?

성인이라면 이미 생존을 위한 자원을 상당히 갖추고 있기 마련입니다. 그러나 그 사실을 잘 모르는 사람이 많습니다. 가진 것을 당연하게 여기는 부족한 마인드(부족한 것, 안 되는 것에 집중하는 경향)로 살기 때문입니다.

돈에 대한 불안이 강한 사람은 싼 물건을 대량으로 구매하

기 쉽습니다.

이들은 그릇과 옷이 너무 많아 뭐가 있는지 파악하지 못하기 때문에 쓸 게 없다고 착각하여 새로운 것을 자꾸 사들입니다. 새로 산 그릇과 옷도 자원이 될 수 있지만 양이 너무 많아지면 제1장 〈대량 구매〉에서 말했듯 결국 전부 짐이 되고 맙니다.

상품을 살 때마다 인터넷으로 최저가를 검색하는 것도 푼돈을 아끼려고 시간이라는 자원을 낭비하는 행위입니다. 신문에 끼워진 슈퍼마켓 전단을 뒤적이며 1,000~2,000원 싼 물건을 찾는 것도 시간 낭비입니다. 또, 신문을 구독하지 않으면 1,000원 정도는 금세 회수할 수 있습니다.

온라인 상점에서 배송료를 절약하려고 억지로 다른 상품을 찾아 한꺼번에 결제하는 것도 마찬가지입니다. 당장 필요해서가 아니라 다른 의도로 고른 물건이므로, 그것 역시 짐이 될 가능성이 높습니다.

이처럼 돈을 아끼려다가 시간과 정신 에너지라는 소중한 자원을 낭비하는 경우가 흔합니다.

심지어 집이 어수선하면 심리 상태가 불안해지고 정체 모를 죄책감을 느끼게 되는데 그런 부정적인 감정을 해소하려고 물건을 점점 더 많이 사들일 위험도 있습니다.

이들의 특징을 정리하면 다음과 같습니다.

- 자신에게 어떤 자원이 있는지 잘 인지하지 못한다(많이 가졌음을 깨닫지 못한다).
- 자원을 잘 배분하지 못한다(쌓인 물건을 정리하고 집을 청소하느라 귀한 시간을 낭비한다).
- 가진 자원을 잘 활용하지 못한다(너무 많은 물건을 사장시키고 하기 싫은 일에 시간과 체력을 소모한다).

요컨대, 자원이 없는 것이 문제가 아니라 자원을 잘못 이해하고 잘못 활용하는 것이 문제입니다.

5   돈보다 중요한 것은
눈에 보이지 않는다

정말 소중한 자원은 눈에 보이지 않는가 봅니다.

초등학교 졸업 문집에 실린 선생님의 글 중에 지금도 기억나는 글귀가 있습니다. "공기와 음악처럼 눈에 보이지 않는 것을 소중히 여기자."

정확한 문장은 기억나지 않지만 대략 이런 취지였는데 글 끝에 피리 그림이 그려져 있었습니다.

당시에도 그 글귀를 읽고 '맞아, 공기나 음악이 없으면 안되지'라고 생각했습니다. 고개가 끄덕여지는 글이었습니다.

공기와 음악뿐만 아니라 인간관계, 애정, 우정, 배려, 따뜻한 시선, 상상력, 느긋한 휴식, 즐거운 시간, 온화한 기분, 성취감, 자유 같은 것들도 눈에 보이지 않습니다.

전부 무척 소중한 자원이지만 눈에 보이지 않는 탓에 당연하게 여기거나 무시하는 사람이 많습니다. 특히 바쁘게 살다 보면 그 소중함을 좀처럼 깨닫지 못하고 눈에 쉽게 보이는 물적 자원에 집중하기 쉽습니다.

이미 말씀드렸듯이 저는 예전에 물건을 계속 사들여 집에 쌓아 두는 사람이었습니다. 당시에는 마음에 드는 물건을 많이 가질수록 행복해질 거라고 막연히 믿었습니다.

그러나 물건을 아무리 사들여도 마음이 채워지지 않았습니다. 제가 정말 원했던 것, 제게 정말로 필요했던 것은 물건 자체가 아니라 그 물건을 손에 넣었을 때 실현될 듯한 생활이었기 때문입니다.

제가 물건을 통해 실현하고 싶었던 생활은 어떤 것이었을까요?

지금 생각해 보면 그 이상적인 생활에는 눈에 보이지 않는 자원이 아주 많이 필요했습니다. 따뜻한 인간관계, 즐거운 시간, 만족스러운 기분, 자유로운 하루 등등.

물건으로는 도저히 획득할 수 없는 자원들이지만 저는 어리석게도 계속 물건만 사들였습니다.

More is Better

More is Better란 '물건을 많이 가질수록 인생이 나아진다'라는 사고방식입니다. 물건을 가지려면 돈이 필요하므로 이런 사고방식으로 사는 사람의 인생 목표는 오직 돈벌이가 될 것입니다.

하지만 이런 사고방식으로 돈을 벌고 물건을 사들이다 보면 누구나 깨달을 것입니다. '사람은 돈과 물건이 아무리 많아도 만족하지 못하는 존재구나'라고요.

연봉이 1억 원이 넘는 직장을 그만두고 소지품의 80퍼센트를 버린 후 미니멀리스트로서의 새 삶을 시작한 두 사람이 있습니다. 미국인 조슈아(Joshua Fields Millburn)와 라이언(Ryan Nicodemus)입니다.

지금 돈 때문에 고민하는 사람이라면 이들의 이야기를 듣고 '그렇게 돈을 많이 주는 회사를 왜 그만뒀을까?', '부자들만 물건을 다 처분하고 미니멀리스트가 될 수 있는 것 아니었나?'라고 의아해할지도 모르겠습니다.

그들도 원래는 아메리칸드림을 막연하게 믿고 급여 수준을 넘어서는 물건과 서비스(모두가 부러워하는 호화 휴가 등)에 돈을 펑펑 써댔습니다. 그 결과 신용카드 대금이 점점 불어나 스트레스가 쌓였고 행복과는 먼 삶을 살게 되었습니다.

돈만 벌면 행복해질 수 있다는 생각으로 돈만을 추구했던 탓에 오히려 불행해진 것입니다.

그러나 돈과 물건이 행복의 열쇠가 아님을 깨닫고 사고방식을 근본적으로 바꾸었더니 생활이 훨씬 풍요해졌다고 합니다.

혹시 고개를 끄덕이면서도 '하지만 여전히 돈은 필요해'라고 생각하셨나요? 사실 '행복은 돈으로 살 수 없다'라는 말에는 동의하지만 여전히 '인생의 거의 모든 문제를 돈으로 해결할 수 있다'라고 믿는 사람이 적지 않습니다.

돈으로 다양한 편의를 누릴 수 있는 것은 사실입니다. 돈이 많으면 분명 생활이 쾌적해집니다. 너무 가난하면 최소한의 인간적인 생활을 유지하기도 어렵습니다.

그러나 More is Better라는 사고방식으로 살다 보면 쓸데없는 물건을 자꾸 사게 됩니다. 더 큰 집과 별장, 멋진 차, 최신 전자제품 등 갖고 싶은 물건은 세월이 아무리 흘러도 계속 늘어날 뿐입니다. 많은 사람이 쇼핑을 계속하면서도 텅 빈 마음으로 살아가는 것은 그들이 물건과 돈에서 아직 자유로워지지 못했기 때문입니다.

인생의 목표는 숫자를 늘리는 것이 아닙니다. 풍요로운 인생이란 더 부유한 인생이 아니라 더 자유로운 인생이 아닐까요?

자유란 무엇일까

눈에 보이지 않는 자원 중에서도 가장 중요한 것이 자유입니다. 돈만 있으면 자유로워진다고 생각하는 사람도 많겠지만 저는 돈과 물건을 쫓다 보면 오히려 자유를 잃게 된다고 생각합니다.

과연 자유란 무엇일까요?

자유의 정의는 때와 장소에 따라 달라지겠지만 자유로운 상태란 '자신의 생각대로 행동할 수 있는 상태'라고 말할 수 있습니다.

사실 우리는 자유롭지 못할 때가 훨씬 많습니다.

바빠서 잠을 푹 자지 못하고 돈이 없어서 좋아하는 물건을 사지 못하고 나이 때문에 무릎이 아파서 마음껏 움직이지 못하는 등 일상생활은 부자유의 연속입니다.

돈이 많아서 무엇이든 원하는 대로 할 수 있을 것 같은 부자들도 예외가 아닙니다. 사회에서 살아가려면 누구나 규칙을 따라야 하기 때문이죠.

복권에 당첨되거나 어마어마한 유산을 물려받거나 사업으로 큰 성공을 거두어 평생 일할 필요가 없는 사람이라 해도 운전할 때는 신호를 지켜야 하고 슈퍼에서는 계산대 앞에 줄을 서야 하고(부자들은 슈퍼를 이용하지 않을지 모르지만), 해마다 소득세를 신고하고 납부해야 하는 것입니다.

또, 회사에 다닐 필요가 없다면서 밤낮을 바꿔 살고 먹고 싶은 것을 마음껏 먹다 보면 몸이 망가져서 결국 먹고 싶은 것을 하나도 못 먹게 될지도 모릅니다.

이 세상에 완전히 자유로운 사람은 없습니다. 자유란 반대편에 '부자유'가 있어야만 성립되는 개념이기 때문입니다.

그러므로 하고 싶은 일, 희망하는 일 중 가장 중요한 몇 가지를 자유롭게 할 수 있는 상태야말로 우리가 꿈꾸는 자유로운 상태일 것입니다.

'돈을 갖고 싶다', '이런저런 물건을 갖고 싶다'라는 생각으로 살다 보면 돈과 물건을 손에 넣는 것이 최우선이 되겠지요. 그러면 정말 하고 싶은 일에 쓸 자원이 없어집니다. 즉 부자유한 상태가 되는 것입니다. 따라서 돈이 있어야 자유로워진다고 생각하다 보면 언제까지나 부자유한 상태로 살 수밖에 없습니다.

6 정말로 돈이
    가장 중요할까

돈이 더 필요하다고 생각하는 사람, 물건을 더 가지려고 애쓰는 사람에게도 정말로 원하는 것이 따로 있을지 모릅니다.

앞서 말했듯 돈이 많은 사람, 좋아하는 물건을 많이 가진 사람도 마음의 공허함을 느낍니다. 이것은 그들이 정말로 원하는 것이 아닌 엉뚱한 것을 쫓고 있다는 증거입니다.

신념과 행동이 일치하면 행복해진다

인간에게는 생각대로 살고 싶은 욕구가 있습니다. 그래서 스스로 좋다고 믿는 방향과 실제로 행동하는 방향이 일치할수록 행복합니다.

그런 사람은 어떤 일이 있어도 몸이 상할 만큼 큰 스트레스를 받지 않습니다. 자신이 정한 방향으로 목표를 향해 차근차근 나아가는 것은 즐거운 일이니까요.

한편 사회나 문화, 미디어나 타인의 가치관에 자신을 맞추려 하면 스트레스가 늘어납니다. 타인이 기대하는 대로 행동하는 것은 고통스러운 일이기 때문입니다.

이런 사람들은 욕구를 억누릅니다. 그리고 그렇게 억눌린 욕구를 발산하기 위해 물건을 지나치게 사들입니다. 다시 말해, 자신의 가치관에 맞게 생활하기만 하면 쓸데없는 물건을 마구 사들이는 습관이 저절로 사라진다고 할 수 있습니다.

가치관에 맞게 행동한다는 것은 자신에게 정말 소중한 것을 소중하게 다룬다는 뜻입니다. 또, 열정과 에너지를 아낌없이 쏟고 싶은 것, 일상의 보람이나 직업적 보람을 느끼게 하는 것, 자신이 진심으로 좋아하는 것을 소중히 다룬다는 뜻이기도 합니다.

만약 진심으로 '나는 물건이 많아야 행복하다', '철마다 새 옷을 사는 것은 내 행복의 원천이다', '나는 물건을 많이 수납하기 위해 살아왔다', '나에게 가장 중요한 일은 바겐세일 때 저렴한 물건을 사는 것이다'라고 생각한다면 물건을 계속 사 들여도 됩니다.

쇼핑을 삶의 중심으로 삼은 사람은 버는 돈 대부분을 쇼핑에 써도 낭비가 아닙니다. 소중한 것에 자신의 자원(시간, 에너지, 돈)을 투입할 뿐입니다.

아무리 정리정돈에 관한 책이 넘치고 주변에 미니멀리스트가 많아져도, 사람은 자신이 원하는 대로 살아야 행복한 법이니까요.

하지만 쇼핑을 한 다음에 마음이 허탈해지거나 지금의 소비 패턴에 문제가 있다고 느낀다면 얘기가 달라집니다. 어쩌면 당신도 다른 사람의 신념을 자신의 것으로 착각하고 있을지도 모릅니다.

왜 가치관대로 살지 못할까

사람이 가치관대로 살지 못하는 이유는 대략 두 가지입니다.

1. 제대로 생각해 본 적이 없어서 무엇이 소중한지 아직 모른다.
2. 소중한 것을 소중히 다루며 살아가기 위해 무엇이 필요한지 모른다.

자신의 가치관을 진지하게 생각해 본 적이 없어서 그때그때 내키는 대로 행동하는 사람, 어려서부터 저절로 몸에 밴 가치관을 지금 나의 가치관으로 착각하고 사는 사람이 많습니다. 이들은 날마다 자신이 원하지 않는 행동을 하면서 마음이 불편한 상태로 살고 있을 가능성이 높습니다.

하지만 조금만 진지하게 생각해 보면 자신에게 정말 소중한 것을 알아챌 수 있습니다. 그리고 그것을 소중히 다루는 방향으로 인생의 궤도를 수정할 수 있습니다.

사람들이 일반적으로 소중하게 여기는 것으로는 무엇이 있을까요?

- 타인의 인정, 사랑하고 사랑받기
- 다양한 장소를 여행하기, 승부에 이기기, 목표 성취, 유명해지기
- 타인의 칭찬, 화목한 가족 관계

- 가족의 행복, 일을 완벽하게 수행하기
- 지식의 축적, 아름다움
- 조용한 삶, 남에게 도움이 되는 삶, 여유로운 삶
- 부유한 삶(물질적 성공)
- 리더로서의 영향력, 연구하는 삶, 물건 모으기, 정직한 삶
- 최첨단 유행을 실천하는 삶, 도전하는 삶
- 자유, 타인에 대한 친절함, 명성, 사회적 지위
- 직접 만든 멋진 작품, 동물, 자연
- 좋은 직업, 사회 변화에 이바지하기, 지속적 성장
- 건강, 자신다운 방식
- 자부심, 우정, 폐 끼치지 않는 삶, 신앙

이 외에도 소중한 것이 아주 많을 것입니다. 당신이 무엇을 소중하게 생각하는지, 떠오르는 대로 써 보세요. 아무것도 떠오르지 않는 사람은 과거의 사건 중 특히 인상적인 것을 돌이켜 보면 도움이 될 것입니다.

아주 즐거웠던 일, 만족스러웠던 일, 슬펐던 일, 괴로웠던 일을 써 보고 자신이 왜 그렇게 느끼는지, 그 바탕에 어떤 사고방식이 있는지 생각하다 보면 자신에게 무엇이 소중한지 알게 될 것입니다.

가족 여행이 가장 즐겁게 느껴지는 것은 자신이 화목한 가족 관계, 남과 함께 행동하는 것, 이동, 미지의 장소를 방문하는 것을 소중히 여긴다는 뜻입니다.

이 목록을 작성할 때는 최대한 자신에게 솔직해지는 것이 중요합니다. 사람의 가치관에는 옳고 그름이 없으니 자신을 판단할 필요는 없습니다.

도중에 '내 그릇이 이렇게 작았구나' 싶어서 쓴웃음이 날지도 모르지만 그래도 있는 그대로 적어 봅시다.

나의 신조를 찾는다

자신이 소중히 여기는 것, 소중히 여기는 물건을 알아냈다면 그중에서 가치관의 핵심을 이루는 항목을 세 개 정도 고릅니다. 이 작업이 가장 중요합니다.

그렇게 찾아낸 저의 세 가지 신조는 다음과 같습니다.

1. 정직하게 산다.
2. 단순하게 살며 욕심내지 않는다.
3. 가급적 누구에게나 친절하게 대한다.

주위 사람과의 원만한 관계나 온화한 생활, 건강한 삶도 물론 중요하지만 저는 일단 위의 세 가지만 충족되면 그다지 스트레스를 받지 않습니다.

'나는 이것만 채워지면 행복하다'라고 생각되는 것을 3~5가지로 압축해 봅시다. 그것이 당신의 마음 둘 곳, 가치관의 핵심입니다. 그렇게 무엇이 소중한지 알아낸 후에는 그 신조에 따라 살면 됩니다. 매일이 저절로 즐거워질 것입니다.

마음이 어지러워질 때마다 자신이 가치관대로 살고 있는지 점검할 수 있도록, 일기장 같은 곳에 이 신조를 잘 기록해 두기 바랍니다.

7   우선순위를
정한다

소중한 것을 알아낸 후에도 우선순위는 수시로 변경될 수 있습니다. 동물을 사랑하기 때문에 동물의 고기를 먹지 않겠다고 결심한 사무직 여성이 있다고 합시다. 그녀는 환경 문제에도 관심이 많아서 쓰레기를 만들지 않는 제로 웨이스트 라이프에도 도전하려 합니다.

그러나 동물을 보호하기 위해 가죽 제품(구두, 가방, 벨트 등)을 쓰지 않으려면 석유로 만든 플라스틱 제품을 쓰는 수밖에 없습니다. 가방은 에코백이나 캔버스 토트백을 쓰고 구두는 짚으로 엮은 슬리퍼를, 벨트는 천으로 만든 것을 쓸 수도 있겠지만 아무래도 회사에 슬리퍼를 신고 출근하기는 어렵습니다.

그래서 '어쩔 수 없으니 합성피혁을 써야겠다. 그래도 쓰레기를 늘리지 않기 위해 여러 개를 사지 말고 하나만 사서 낡을 때까지 쓰자'라고 마음먹습니다.

또 가끔씩은 플라스틱 쓰레기를 줄이기 위해 쓰레기 줍기 행사에 봉사자로 종종 참여하기도 합니다.

이처럼 소중한 것들을 소중히 다루려 하다 보면 항목들끼리 서로 충돌하는 경우가 있습니다. 그럴 때는 상황에 따라 우선순위를 정하고 균형을 잡아 가며 좀 더 소중한 것을 우선하면 됩니다.

어쨌든 지금 자신이 가장 소중하게 여기는 것(현재의 최우선 목표)을 항상 의식해야 중심을 잃지 않고 자신의 가치관대로 살아갈 수 있습니다.

3대 우선 항목을 정하는 순서

일상적 과업의 우선순위는 어떻게 정할까요?

우선순위 정하는 법 1.

인생에서 가장 중요한 것을 찾는다.

우선 당신이 꿈꾸는 이상적인 인생을 머릿속에 그려 봅시다. 가사나 직장일 등 과업의 우선순위를 정하는 것은 최종적으로 이상적인 인생을 실현하기 위해서입니다. 결코 과업을 최대한으로 완수하기 위해서가 아닙니다.

그러므로 가치관을 정했을 때와 마찬가지로, 앞으로 어떻게 생활하고 싶은지를 생각해 봅시다.

건강하게 오래 살고 싶습니까? 가족과 사이좋게 지내고 싶습니까? 돈을 최대한 많이 모으고 싶습니까? 자녀를 명문대에 보내고 싶습니까?

또는 마음 편하게 혼자 살고 싶습니까? 자신의 방식대로 단순하게 살고 싶습니까? 그것도 아니면 직장에서 남보다 빨리 승진하고 싶습니까?

이상적인 인생의 정의는 사람마다 다릅니다. 자신의 인생에서 가장 중요한 것, 절대 양보할 수 없는 것을 찾아내야 합니다. 그것이 바로 살면서 성취하고 싶은 것, 즉 인생 목표라할 수 있습니다.

지금 머리에 떠오르는 것을 종이에 적어 보세요. 실현 가능성 같은 건 전혀 신경 쓰지 않아도 됩니다.

'앞으로 10년 후, 20년 후, 30년 후에 이렇게 살고 있으면 좋겠다'라는 장기적 관점으로 목록을 만들어 봅시다. 이 이상을 실현하는 데 얼마나 도움이 되는지 판단하여 일상적 과업의 우선순위를 매기면 됩니다.

우선순위 정하는 법 2.

어디에 시간과 에너지를 쓰는지 알아 본다.

자신이 평소에 한정된 시간과 에너지를 어디에 쓰는지 관찰해 봅시다.

시간, 체력, 사고력을 특히 많이 잡아먹는 일이 있습니까? 자각하든 자각하지 못하든, 지금 당신은 그 일을 가장 우선하고 있습니다.

무엇에 시간을 쓰는지 구체적으로 알아내기 위해 평소에 하는 일을 목록으로 정리해 봅시다. 일과를 종이에 적어 가시화하는 것입니다.

저는 날마다 할 일을 메모지에 적어서 정리합니다. 각각의 메모지에 소요 시간까지 15분 단위로 기입하여 시간표가 그려진 두꺼운 종이에 붙여 두면 하루 동안 어떤 일에 얼마나 시간을 썼는지 한눈에 알 수 있습니다.

하루 중 제일 많은 시간을 보내는 일이 제가 가장 우선하는 일입니다.

여러분도 목록을 한 달쯤 작성해 보고 자신이 정말 하고 싶은 일이나 이상적인 생활을 실현하는 활동에 시간이 제대로 쓰이고 있는지 점검합시다.

많은 사람이 쓸데없는 일까지 스케줄에 집어넣어 바쁘게 살아가고 있습니다. 할 일 목록을 작성하고 확인하는 과정을 통해 쓸데없는 일을 찾아냈다면 당장 과감히 그만둡시다. 중요한 일만 압축적으로 실행해야 더 중요한 일에 더 많은 에너지를 투입할 수 있습니다.

우선순위 정하는 법 3.

급하지 않지만 중요한 일을 생각한다.

스티븐 코비(Stephen Covey) 박사는 성공 철학, 인생철학의 명저로 알려진 『성공하는 사람들의 7가지 습관』에서, 사람이 하는 일을 네 종류로 나눴습니다.

1. 급하고 중요한 일
2. 급하지 않지만 중요한 일
3. 급하지만 중요하지 않은 일
4. 급하지도 중요하지도 않은 일

그는 인생을 충실하게 채우고 싶다면 '2. 급하지 않지만 중요한 일'을 중시하라고 말합니다.

　그중 대표적인 것으로는 체력 강화, 인간관계 구축, 장래 하고 싶은 일에 대한 준비 및 계획, 심신의 휴식이 있습니다.

　이것들은 오늘 꼭 해야 하는 일(급한 일)은 아니지만 인생 전반에 매우 큰 영향을 끼치는 일입니다. 방 청소, 숙면 역시 급하지 않다고 미루다 보면 나중에 큰 대가를 치를 것입니다.

　저는 아침마다 슬로조깅을 하고 있습니다. 오래전에 이 습관을 정착시킨 덕분에 감기에 거의 걸리지 않게 되었고 자존 감도 높아졌습니다. 처음에는 한가한 낮 시간에 산책을 했는데, 걷는 시간이 아깝다는 생각이 들어 슬로조깅으로 바꾼지 벌써 12년이 되었습니다.

　건강을 유지하는 활동은 저에게 매우 큰 의미가 있습니다. 제게 하루 75분간의 슬로조깅은 급하지는 않지만 가장 중요한 일입니다.

　이처럼 급하지는 않지만 이상적인 생활을 위해 반드시 해야 할 일을 목록에 꼭 포함시켜야 합니다. 언제나 바빠서 우왕좌왕하는 사이에 하루가 끝나 버리는 사람은 특히 더 그렇습니다.

　바쁘기만 한 지금의 삶을 개선하기 위해서라도 지금 하지 않는 일, 즉 급하지 않지만 중요한 일을 시작합시다.

앞서 소개했듯이 할 일 목록을 매일 작성하거나 주초에 일주일간 할 일을 정리하거나 주말에 일주일을 돌아보는 것도 좋습니다. 이것 역시 급하지 않지만 중요한 일입니다.

이런 활동을 통해 시간을 어떻게 쓸 것인지 진지하게 생각할 수 있습니다. 우선순위를 파악한 후에는 멀티태스킹이 아닌 싱글태스킹을 생활화합시다.

뇌는 한 번에 하나의 일밖에 처리하지 못합니다. 따라서 겉으로는 멀티태스킹을 하는 것처럼 보여도 실제로는 관심의 대상을 이 일에서 저 일로 매우 빠르게 바꾸고 있을 뿐입니다.

그러다 보면 뇌에 부담이 갈 뿐만 아니라 모든 일을 어중간하게 수행하게 되므로 실수도 잦아집니다. 멀티태스킹이 일상이 된 사람은 지금부터라도 한 번에 한 가지 일만 해 보세요. 집중도 훨씬 잘 되고 성과도 좋아져서 큰 성취감을 느낄 것입니다.

매일 조금씩 쌓아올리는 것이 무엇보다 중요하다

『사지 않는 생활』을 끝까지 읽어 주셔서 감사합니다.

모두 '나도 할 수 있을 것 같아'라고 느끼셨으면 좋겠습니다.

이런저런 노하우를 담았지만 한꺼번에 실천하려 하지 말고 쉬워 보이는 것부터 하나씩 차례차례 도전해 보시기 바랍니다.

저의 '사지 않는 생활'은 50세에 시작되었습니다. 그때부터 생활을 최대한 단순하게 만들겠다고 결심하고 쇼핑 습관과 돈 관리에 신경을 쓰기 시작했습니다. 집에 물건이 많으면 그만큼 생활이 번잡해진다는 것을 알았으니까요.

그 후 10년 이상 사지 않는 생활의 노하우를 축적해 왔습니다. 하지만 과소비하거나 낭비하는 습관을 고치기는 절대 쉽지 않습니다. 우리 뇌가 특이한 것, 새로운 것을 획득하기를 무척 좋아하기 때문입니다. 게다가 지금은 인류가 출현한 이래 쇼핑이 가장 편리해진 시대가 아닙니까!

저도 아직 쇼핑에 실패할 때가 있습니다. 2018년에는 취미용품인 색칠 공부 책을 너무 많이 사서 그 후 2년 동안 '사지 않는 도전'을 상당히 엄격하게 진행해야 했습니다.

금세 잡동사니가 될 물건을 사고 나서 '실패했다'라며 좌절하는 것은 누구나 흔히 겪는 일입니다. 실패해도 자신을 탓하지 마세요.

자신의 가치관에 맞게 생활하는 것이 무엇보다 중요합니다. 당신은 그러기 위한 노하우와 경험을 매일 쌓아 올리고 있을 뿐입니다. 실패에서 배우며, 다시금 자신의 마음과 돈 사이에 균형을 잡는다고 생각하면 됩니다.

이 책은 제 블로그 '후데코 저널'에 바탕을 두고 있습니다. 독자 여러분이 매일같이 찾아와 제 글을 읽고 응원과 후기의 댓글을 보내 주신 덕분에 이 책을 출간할 수 있었습니다. 진심으로 감사드립니다.

후데코 드림

사지 않는 생활

초판 1쇄 인쇄 2022년 10월 26일
1판 4쇄 발행 2024년 1월 6일

펴낸곳	스노우폭스북스
발행인	서진
지은이	후데코
옮긴이	노경아
기획·편집	서진
진행	성주영
마케팅	김정현, 이민우
영업	이동진
디자인	양은경
주소	경기도 파주시 회동길 527, 스노우폭스북스빌딩 3층
대표번호	031—927—9965
팩스	070—7589—0721
전자우편	edit@sfbooks.co.kr
출판신고	2015년 8월 7일 제406—2015—000159

ISBN   979-11-91769-24-1(03190)